Programa Bilingüe de Sadlier
Acercándote a la fe

ACERCÁNDOTE AL AMOR DE DIOS

Dr. Gerard F. Baumbach

Dr. Eleanor Ann Brownell
Moya Gullage
Helen Hemmer, I. H. M.
Gloria Hutchinson
Dr. Norman F. Josaitis
Rev. Michael J. Lanning, O. F. M.
Dr. Marie Murphy
Karen Ryan
Joseph F. Sweeney

con

Dr. Thomas H. Groome
Boston College

El Comité Ad Hoc de la Conferencia Nacional de Obispos Católicos, que supervisa el uso del Catecismo, consideró que esta serie está conforme con el Catecismo de la Iglesia Católica.

Consultor Teológico
Reverendísimo Edward K. Braxton, Ph.D., S.T.D.
Obispo Auxiliar de San Luis

Consultor Bíblico
Rev. Donald Senior, C.P., Ph.D, S.T.D.

Consultores de Liturgia y Catequesis
Dr. Gerard F. Baumbach
Dr. Eleanor Ann Brownell

Consultores de Pastoral
Rev. Msgr. John F. Barry
Rev. Virgilio P. Elizondo, Ph.D., S.T.D.

Traducción y Adaptación
Dulce M. Jiménez-Abreu

Consultores de Catequesis para la serie
José Alas
Oscar Cruz
Thelma Delgado
María Cristina Gonzáles, c.v.i.
Rogelio Manríquez
Rebeca Salem
Yolanda Torrez
Leyda Vázquez

William H. Sadlier, Inc.
9 Pine Street
New York, New York 10005-1002
www.sadlier.com

INDICE / CONTENTS

Primera unidad | Unit One

Viviendo como cristiano católico | Living as a Catholic Christian

1 Viviendo para el reino de Dios 6
El amor de Dios es la buena noticia
Construimos el reino de Dios
   Lucas 4:16–22; Mateo 13:44

Living for God's Kingdom 7
God's love is the good news
We build up God's kingdom
   Luke 4:16–22; Matthew 13:44

2 Las virtudes de fe, esperanza y .... 16 caridad
Creemos y esperamos en Dios
Amamos a Dios, a nuestro prójimo y a nosotros mismos
   Mateo 6:26, 32–33; Lucas 10:27

The Virtues of Faith, Hope, ... 17 and Love
We believe and hope in God
We love God, our neighbors, and ourselves

   Matthew 6:26, 32–33; Luke 10:27

3 La Iglesia, la comunidad de Jesús 26
El Espíritu Santo guía a la Iglesia
Una comunidad que alaba y sirve
   Lucas 5:1–11; Juan 14:26

The Church, Jesus' Community 27
The Holy Spirit guides the Church
A worshiping and serving community
   Luke 5:1–11; John 14:26

4 Las Bienaventuranzas 36
Jesús nos dio las Bienaventuranzas
Formas para ser verdaderamente feliz
   Mateo 5:3–10

The Beatitudes 37
Jesus gave us the Beatitudes
Ways to true happiness
   Matthew 5:3–10

5 Viviendo de la mejor manera 46
Obras corporales de misericordia
Obras espirituales de misericordia
   Lucas 10:35; Mateo 25:31–46

Living as Our Best Selves 47
The Corporal Works of Mercy
The Spiritual Works of Mercy
   Luke 10:35; Matthew 25:31–46

6 Celebrando la Reconciliación 56
Dios perdona nuestros pecados
Preparándonos para el sacramento
   Lucas 5:17–25

Celebrating Reconciliation 57
God forgives our sins
Preparing for the sacrament
   Luke 5:17–25

7 Celebrando la Eucaristía 66
La presencia real de Jesús
Reunidos en asamblea para alabar
   Mateo 28:20

Celebrating Eucharist 67
The real presence of Jesus
Gathering as a worshiping assembly
   Matthew 28:20

 **EN EL HOGAR Y EN LA PARROQUIA** incluida en cada capítulo

 **AT HOME AND IN THE PARISH** is included in each chapter

Segunda unidad

Invitados a ser discípulos

8 Viviendo como pueblo de Dios 76
Los Diez Mandamientos: mantener el convenio de Dios
Viviendo la Ley del Amor
Exodo 12:31–19:5; 20:1–17; Lucas 10:27

9 Viviendo en libertad 86
Libre de hacer la voluntad de Dios
Entendiendo el pecado

**10 Dios es lo primero en nuestras 96
vidas**
Primer mandamiento
Poniendo a Dios primero en nuestras vidas
Viviendo el primer mandamiento
Exodo 20:2–3; Lucas 4:1–12

11 El nombre de Dios es santo 106
El segundo mandamiento
Respetando el nombre de Dios y los lugares santos
Respetando el santo nombre de Jesús
Exodo 3:14–15; 20:7; Mateo 21:12–13

12 Alabamos a Dios 116
Tercer mandamiento
El domingo, día de descanso y alabanza
Fiestas de precepto
Exodo 20:8

13 Celebrando el Adviento 126
Preparándonos para la venida de Jesús
Recordando las necesidades de otros
Lucas 1:26–56

14 Navidad 136
Fiestas de este tiempo
Jesús significa "Dios salva"
Mateo 2:1–16

Unit Two

Invited to Be Disciples

Living as God's People 77
The Ten Commandments: keeping God's covenant
Living the Law of Love
Exodus 12:31–19:5; 20:1–17; Luke 10:27

Living as Free People 87
Free to do God's will
Understanding sin

God Is First in Our Lives 97
The First Commandment
Putting God first in our lives
Living the first commandment
Exodus 20:2–3; Luke 4:1–12

God's Name Is Holy 107
The Second Commandment
Respecting God's name and holy places
Respecting the holy name of Jesus
Exodus 3:14–15; 20:7; Matthew 21:12–13

We Worship God 117
The Third Commandment
Sunday, day of rest and worship
Holy days of obligation
Exodus 20:8

Celebrating Advent 127
Preparing for Jesus' coming
Remembering the needs of others
Luke 1:26–56

The Christmas Season 137
Feasts of the season
Jesus means "God saves"
Matthew 2:1–16

Tercera unidad

Llevamos vida a otros

15 Honrar a nuestros padres 146
El cuarto mandamiento

Amar y honrar a nuestros padres
Obedecer a quienes nos cuidan
  Lucas 2:41–51; Exodo 20:12

16 Respetar la vida 156
El quinto mandamiento

Hecho a imagen de Dios
Eligiendo y respetando la vida
  Génesis 1:27; Exodo 20:13; Juan 10:10

17 Fidelidad en el amor 166
Sexto y noveno mandamientos

Ser fiel en el matrimonio
Ser fiel a Dios, a los demás y a nosotros mismos
  Exodo 20:14, 17; Marcos 10:6–9

18 Compartiendo 176
Séptimo y décimo mandamientos

Cuidando el regalo de la creación de Dios
Respetando a los demás y sus pertenencias
  Exodo 20:15, 17

19 Viviendo para decir la verdad 186
El octavo mandamiento

Diciendo la verdad con amor
Hablando con justicia y paz
  Exodo 20:16; Juan 8:31–32; 14:6

20 Preparándonos para la Cuaresma .. 196

Recordando nuestras promesas bautismales
Tiempo de cambio y preparación
  Mateo 16:24; Marcos 1:15

21 Celebrando la Pascua de 206
Resurrección

Celebrando el Triduo Pascual
Victoria sobre el pecado y la muerte

Unit Three

We Bring Fullness of Life to Others

Loving Our Parents 147
The Fourth Commandment

Loving and honoring our parents
Obeying all who care for us
  Luke 2:41–51; Exodus 20:12

Living for Life 157
The Fifth Commandment

Made in God's image
Choosing and respecting life
  Genesis 1:27; Exodus 20:13; John 10:10

Faithful in Love 167
The Sixth and Ninth Commandments

Being faithful in marriage
Faithful to God, others, and ourselves
  Exodus 20:14, 17; Mark 10:6–9

Sharing Our Things 177
The Seventh and Tenth Commandments

Caring for God's gifts of creation
Respecting others and their belongings
  Exodus 20:15, 17

Living and Telling the Truth 187
The Eighth Commandment

Speaking the truth with love
Speaking out for justice and peace
  Exodus 20:16; John 8:31–32; 14:6

Preparing for Lent 197

Remembering our baptismal promises
A season of change and preparation
  Matthew 16:24; Mark 1:15

Celebrating Easter 207

Celebrating the Easter Triduum
Victory over sin and death

Cuarta unidad

Vivimos como cristianos

22 El Espíritu nos da vida 214
  El regalo del Espíritu Santo
  Guía para tomar buenas decisiones
    1 de Corintios 2:15

23 La Iglesia nos guía 224
  Los líderes de nuestra Iglesia
  Las Leyes de la Iglesia
    1 de Corintios 12:4–5

24 Examen de conciencia 234
  Saber lo que es bueno y lo que es malo
  El significado de la conciencia

25 Celebramos la Reconciliación 244
  Perdonar y ser perdonados
  El rito individual de la Reconciliación
    Mateo 18:21–22; Juan 20:23

26 Celebramos la Eucaristía 254
  Entendiendo la misa
  Compartiendo el Cuerpo de Cristo
    Lucas 24:13–35

Revisión de la primera unidad 264
Prueba para la primera unidad 266
Revisión de la segunda unidad 268
Prueba para la segunda unidad 270
Revisión de la tercera unidad 272
Prueba para la tercera unidad 274
Revisión de la cuarta unidad 276
Prueba para la cuarta unidad 278

Oraciones 280
Oración final 284
Mi libro de la fe católica 285
Glosario 297
Sacramento de Reconciliación 303

Unit Four

We Live as Christians

The Spirit Gives Us Life 215
  The gifts of the Holy Spirit
  Guided to make good choices
    1 Corinthians 2:15

The Church Guides Us 225
  The leaders of our Church
  The Laws of the Church
    1 Corinthians 12:4–5

Examining Our Conscience 235
  Knowing what is right or wrong
  The meaning of conscience

We Celebrate Reconciliation 245
  Forgiving and being forgiven
  The Individual Rite of Reconciliation
    Matthew 18:21–22; John 20:23

We Celebrate the Eucharist 255
  Understanding the Mass
  Sharing in the Body of Christ
    Luke 24:13–35

Unit 1 Review 265
Unit 1 Test 267
Unit 2 Review 269
Unit 2 Test 271
Unit 3 Review 273
Unit 3 Test 275
Unit 4 Review 277
Unit 4 Test 279

Prayers 282
Closing Prayer 284
My Catholic Faith Book 291
Glossary 300
Sacrament of Reconciliation 304

1 Viviendo para el reino de Dios

Jesús, ayúdanos a traer el reino de Dios a la tierra.

Nuestra vida

Cada día escuchamos buenas y malas noticias acerca del mundo. ¿Qué buenas noticias has escuchado recientemente? ¿Qué malas?

Pretende ser un reportero de televisión. La cámara enfoca estas dos fotos. Haz un reportaje de lo que está pasando en la escena.

Compartiendo la vida

Hablen de cómo las cosas malas en este mundo pueden cambiarse en buenas.

¿Crees que pueden ser cambiadas? ¿Por qué sí o por qué no?

Imagina a Jesús sentado en nuestro grupo. ¿Qué crees que él diría acerca de las cosas buenas y malas en nuestro mundo?

1 Living for God's Kingdom

Jesus, help us to make God's kingdom come on earth.

Our Life

Every day we hear bad news and good news about our world. What bad news have you heard recently? What good news?

Pretend you are a TV reporter. The TV camera is focused on these two pictures. Give a report of what is happening in each scene.

Sharing Life

Talk together about how the bad things in our world might be changed to good things.

Do you think they can be changed? Why or why not?

Imagine Jesus is sitting in our group right now. What do you think he might say to us about the good and bad things in our world?

Nuestra Fe Católica

El reino de Dios

Cuando Jesús tenía aproximadamente treinta años, dejó su casa y empezó su misión de predicar su buena nueva a todo el mundo.

Jesús predicó la buena nueva del amor de Dios por todo el mundo y que el reino de Dios había venido con él.

Un sábado Jesús fue a una sinagoga en Nazaret. Cuando fue invitado a leer, buscó este pasaje en la Escritura:

> El Espíritu del Señor está sobre mí. El me ha ungido para traer Buenas Nuevas a los pobres, para anunciar a los cautivos su libertad y a los ciegos que pronto van a ver. A despedir libres a los oprimidos y a proclamar el año de la gracia del Señor.

Luego Jesús dijo: "Hoy se cumplen estas profecías que acaban de escuchar".

Todos estaban sorprendidos. Jesús estaba diciendo que esta lectura de la Escritura se refería a él. La gente empezó a murmurar: "¿No es éste el hijo de José?" Ellos no creyeron que Jesús era el hijo de Dios, enviado por Dios Padre a traer su reino de paz y justicia.

Basado en Lucas 4:16–22

El reino de Dios es el poder salvador de la vida y el amor de Dios en el mundo. Es la buena noticia de que Dios nos ama y siempre está con nosotros. Dios no quiere que nadie tenga hambre, sea lastimado o tratado injustamente.

Our Catholic Faith

The Kingdom of God

When Jesus was about thirty years old, he left his home to begin his mission, or task, of preaching his good news to the world.

The good news Jesus preached was that God loves all people and that the kingdom of God had come in him.

One Sabbath day Jesus went to the synagogue in Nazareth. When invited to read, he found and then read this passage from the Scriptures:

> "The Spirit of the Lord is upon me,
>   because he has anointed me
>   to bring glad tidings to the poor.
>   He has sent me to proclaim liberty
>   to captives
>   and recovery of sight to the blind,
>   to let the oppressed go free,
> and to proclaim a year acceptable
>   to the Lord."

Then Jesus said, "Today this scripture passage is fulfilled in your hearing."

Everyone was amazed. Jesus was saying that this great Scripture reading had come true in him. The people began to whisper to one another, "Isn't this the son of Joseph?" They did not believe that Jesus was the Son of God, sent by God the Father to bring about God's kingdom of justice and peace.

Based on Luke 4:16–22

The kingdom, or reign, of God is the saving power of God's life and love in the world. It is the good news that God loves us and is always with us. God does not want any people to be hungry, hurting, or treated unfairly.

VOCABULARIO

Reino de Dios es el poder salvador de la vida y el amor de Dios en el mundo.

Vivimos para el reino

Jesús fue de pueblo en pueblo diciendo a todo el mundo como vivir para el reino de Dios. A menudo él usó parábolas, o historias, para ayudar a los que le escuchaban a entender como era el reino de Dios. He aquí una parábola acerca del reino que Jesús enseñó:

El reino de Dios es como un tesoro escondido en un campo. Cuando alguien lo encuentra, vende todo lo que tiene para comprar el campo. Entonces la persona gana el más preciado de todos los tesoros.
Basado en Mateo 13:44

Esta parábola nos ayuda a entender que tenemos que poner la voluntad de Dios antes que nada.

Cuando Jesús habló sobre el reino de Dios, algunos no entendían lo que él quería decir. Pensaron que estaba hablando acerca de un país o un reino aquí en la tierra donde él sería el rey.

Jesús nos dice que el reino de Dios no es un lugar. Es vivir de tal manera que cuando alguien nos vea sepa lo que significa vivir de acuerdo a la voluntad de Dios. La voluntad de Dios es lo mejor para nosotros y Dios lo quiere aquí y ahora.

Jesús nos prometió que aun la cosa más pequeña que hagamos por el reino de Dios hará una diferencia en nosotros y en nuestro mundo.

Podemos construir el reino de Dios:
- creyendo la buena nueva
- siguiendo a Jesús
- evitando pecar
- amándonos unos a otros
- trabajando por la justicia y la paz.

FAITH WORD

The **kingdom**, or **reign**, of **God** is the saving power of God's life and love in the world.

We Live for the Kingdom

Jesus went from place to place, telling everyone how to live for the kingdom of God. He often used parables, or stories, to help his listeners understand what the kingdom of God was like. Here is one parable that Jesus told about the kingdom:

The kingdom of God is like a treasure hidden in a field. When someone finds this treasure, that person sells everything to buy the field. Then the person owns the most valuable treasure of all.
Based on Matthew 13:44

This parable helps us to understand that doing God's loving will must come first in our lives.

When Jesus talked about the kingdom of God, some did not understand what he really meant. They thought that he was talking about a country or a kingdom where Jesus would be an earthly king.

Jesus tells us that the kingdom of God is not a place. It is living so that all who see us know what it means to do God's loving will. God's will is what is best for us and what he wants for us here and now.

Jesus has promised us that even the smallest thing we do for the kingdom of God will make a difference in ourselves and in our world.

We can build up God's kingdom by:
- believing the good news
- following Jesus
- avoiding sin
- loving others and ourselves
- working for justice and peace in our world.

11

Acercándote a la Fe

Somos seguidores de Jesucristo. Somos llamados a ayudar a construir el reino de Dios.

¿Qué puede hacer un niño de cuarto curso para

- compartir la buena nueva de Jesús?
- trabajar por la justicia?
- trabajar por la paz?

Viviendo la Fe

Busquen el tesoro escondido para encontrar el verdadero significado del reino de Dios. Dibujen una línea de puntos para mostrar la ruta que tomará el barco. Eviten las cosas que les pueden mantener alejados del reino de Dios. Paren en las cosas que les ayudarán a lograr su meta. Después que encuentren el tesoro, juntos recen un Padre Nuestro.

COMING TO FAITH

We are followers of Jesus Christ. We are called to help build up the kingdom of God.

What can fourth graders do to:

- share the good news of Jesus
- work for justice
- be peacemakers?

PRACTICING FAITH

Go on a treasure hunt to find the real meaning of the kingdom of God. Draw a dotted line to show the route your ship will take. Avoid the things that will keep you from the kingdom. Stop at the things that will help you reach your goal. After the treasure hunt, gather together and pray the Our Father.

REPASO

Encierra en un círculo la letra al lado de la respuesta correcta.

1. Jesús explicó el reino de Dios con
   a. poesías.
   b. parábolas.
   c. biografías.

2. El poder de la vida y el amor de Dios en el mundo es
   a. el reino de Dios.
   b. el antiguo testamento.
   c. la iglesia.

3. Una parábola que Jesús enseñó dice que el reino de Dios es como
   a. un tesoro escondido.
   b. una sinagoga.
   c. un trono.

4. Para pertenecer al reino de Dios debemos
   a. evitar el pecado.
   b. hacer la voluntad de Dios.
   c. hacer nada.

5. ¿Cómo podemos construir el reino de Dios?
   _____
   _____

FE VIVA EN EL HOGAR Y EN LA PARROQUIA

En este capítulo los niños aprendieron que, como discípulos de Jesús, somos llamados para ayudar en la construcción del reino de Dios en el mundo. Tenga una conversación en familia para ver si su hijo entiende nuestra llamada a vivir por el reino de Dios como discípulos de Jesús.

Hablen del hecho de que cada uno de nosotros puede vivir por el reino de Dios viviendo y haciendo la voluntad de Dios. Hacemos la voluntad de Dios cumpliendo los mandamientos, rezando y alabando, recibiendo y viviendo los sacramentos, trabajando por la justicia y la paz y por una vida plena para todos.

Resumen de la fe

- Jesús predicó la buena noticia del reino de Dios.
- El reino de Dios es el poder salvador de la vida y el amor de Dios en el mundo.
- Construimos el reino de Dios trabajando por el amor, la justicia y la paz en nuestro mundo.

REVIEW · TEST

Circle the letter beside the correct answer.

1. Jesus often explained the kingdom by telling

   a. poems.

   b. parables.

   c. biographies.

2. The power of God's life and love in the world is the

   a. kingdom of God.

   b. Old Testament.

   c. Church.

3. One parable Jesus told said the kingdom of God is like a

   a. pearl of great price.

   b. synagogue.

   c. throne.

4. Another parable compared the kingdom to a

   a. parent.

   b. fisherman.

   c. treasure hidden in a field.

5. How can we build up God's kingdom?

   _____

   _____

FAITH ALIVE AT HOME AND IN THE PARISH

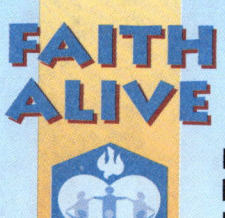

In this chapter your son or daughter learned that we, as disciples of Jesus Christ, are called to help build God's kingdom, or reign, in our world. Have a family conversation to see what your child has understood about our call to live for God's kingdom as disciples of Jesus.

Talk as a family about the fact that each of us can live for God's reign by doing God's loving and life-giving will. We do God's will by keeping the commandments, by prayer and worship, by receiving and living the sacraments, and by working for justice, peace, and fullness of life for all.

Faith Summary

- Jesus preached the good news of the kingdom of God.
- The kingdom of God is the saving power of God's life and love in the world.
- We build up the kingdom of God by working for love, justice, and peace in our world.

15

2 Las virtudes de fe, esperanza y caridad

Dios de amor, ayúdanos a confiar en ti.

NUESTRA VIDA

"Dios de amor, enséñame a confiar en ti". Esta fue la oración de la gran Santa Teresa de Avila. Esta es una oración que también nosotros podemos hacer con frecuencia.

Teresa vivió en España en el siglo XVI. Era hermosa, amistosa, inteligente y también chistosa. Ella mezcló una gran reverencia con una honestidad real en sus conversaciones con Dios. Con frecuencia le dejaba saber a Dios cuando ella creía que él estaba pidiendo demasiado de ella. Así se fortaleció de la presencia de Dios en su vida y en el mundo a su alrededor. Todo en la naturaleza habló a Teresa de la presencia y el amor de Dios. En una de sus oraciones escribió:

"Oh Dios, como has mostrado tu poder al dar valor a la pequeña hormiguita".

¿Qué crees que Teresa vio a la hormiga hacer que le hizo alabar a Dios?

¿Encuentras señales de la presencia de Dios en el mundo? ¿Cuáles son estas?

COMPARTIENDO LA VIDA

¿Cuál crees es la mejor forma de mostrar confianza en Dios?

¿Cuáles son las cosas que hacen difícil confiar en Dios?

16

2 The Virtues of Faith, Hope, and Love

Loving God, help us to trust in you.

Our Life

"Loving God, teach me to trust in you." This was the prayer of a great saint, Teresa of Avila. It is a prayer that we, too, can pray often.

Teresa lived in Spain in the 16th century. She was beautiful, friendly, bright—and funny, too. She blended great reverence with down-to-earth honesty in her conversations with God. She often let God know when he seemed to be asking a lot of her. Yet she drew strength from his presence in her life and in the world around her. Everything in nature spoke to Teresa of God's presence and love. In one of her prayers she wrote:

"O God, how you show forth your power in giving courage to a little ant!"

What do you think Teresa saw an ant doing that caused her to praise God?

Do you ever find signs that God is present in the world? What are they?

Sharing Life

What do you think is the best way to show trust in God?

What are some things that make it hard to trust in God?

Nuestra Fe Católica

Fe en Dios

Siempre podemos confiar en un padre amoroso. Más aún, siempre podemos creer y confiar en Dios. Dios siempre nos amará y cuidará de nosotros.

Jesús explicó por qué podemos tener esa fe en Dios. Jesús dijo: "Miren como las aves del cielo no siembran, . . . Sin embargo su Padre que está en el cielo cuida de ellas. ¿No valen ustedes más que las aves?"
Basado en Mateo 6:26

Luego Jesús les mostró como Dios cuida de nosotros, como un padre amoroso cuida de sus hijos. Jesús dijo: "Pero el Padre de ustedes sabe que necesitan todo eso".
Basado en Mateo 6:32–33

Cuando tenemos fe en Dios creemos y confiamos en Dios quien nos ama y cuida. El tener fe nos ayuda a tomar buenas decisiones para vivir como discípulos de Jesucristo.

Esperanza en Dios

También debemos tener esperanza en Dios. La esperanza nos ayuda a perseverar, sin importar lo que nos pase, pase a nuestra familia o al mundo. Nuestra fe nos da esta confianza, o fuerte confianza en el amor de Dios.

Los cristianos también tenemos esperanza en que la voluntad de Dios nos dará la vida eterna. Vida eterna significa vivir para siempre con Dios en el cielo.

Our Catholic Faith

Faith in God

We can always trust a loving parent. Even more so, we can always believe and trust in God. God will always love us and care for us.

Jesus explained why we can have such faith in God. Jesus said, "Look at the birds in the sky; they do not sow or reap. . . , yet your heavenly Father feeds them. Are not you more important than they?"
Based on Matthew 6:26

Jesus then showed how God cares for us as a loving parent cares for a child. Jesus told them that their Father in heaven knows all that they need and would care for them.
Based on Matthew 6:32–33

When we have faith in God, we believe and trust in God who loves and cares for us. Having faith helps us to make good choices so that we live as disciples of Jesus Christ.

Hope in God

We must also have hope in God. Hope helps us never to give up, no matter what happens to us, our family, or our world. Our faith gives us this confidence, or strong trust, in God's love.

Christians also have hope that God will give us eternal life. *Eternal life* means living forever with God in heaven.

VOCABULARIO

Una **virtud** es un hábito de hacer lo bueno.

Amor de Dios

Jesús siempre enseñó al pueblo como amar a Dios, a los demás y a nosotros mismos. El dijo que el mandamiento del amor era la enseñanza más importante de la Escritura: "Amarás al Señor, tu Dios, con todo tu corazón, con toda tu alma, con toda tu fuerza y con todo tu espíritu; y a tu prójimo como a ti mismo".
Basado en Lucas 10:27

Esta enseñanza es llamada la Ley del Amor. La Ley del Amor significa que debemos tratar a todas las personas como nuestro prójimo. También significa que compartimos el mensaje de amor con otros dando ejemplo con nuestras propias vidas. Los cristianos deben tratar de mostrar este amor especialmente a los que pasan hambre, a los pobres y a los que son tratados injustamente.

Fe, esperanza y caridad son dones de Dios. Son llamados virtudes. Una virtud es el hábito de hacer algo bueno. Fe, esperanza y caridad son las grandes virtudes de la fe cristiana.

Como todo hábito, no aprendemos a practicar las virtudes de fe, esperanza y caridad de un día para otro. Sin embargo, Jesús espera que tratemos de vivirlas. Empezar de nuevo es más importante que contar cuantas veces hemos fallado.

FAITH WORD

A **virtue** is the habit of doing good.

Love of God

Jesus always taught people how to love God, one another, and themselves. He said that the commandment to love was the greatest teaching of the Scriptures: "You shall love the Lord, your God, with all your heart, with all your being, with all your strength, and with all your mind, and your neighbor as yourself."
Based on Luke 10:27

This teaching is called the Law of Love. The Law of Love means that we treat every person as our neighbor. It also means that we share this message of love with others by the example of our own lives. Christians must try to show this love especially to people who are hungry, poor, or treated unjustly.

Faith, hope, and love are gifts from God. They are called virtues. A virtue is the habit of doing good. Faith, hope, and love are the greatest virtues in a Christian's life.

Like all habits, we do not learn to practice the virtues of faith, hope, and love overnight. But Jesus expects us to keep on trying to live them. Beginning again is more important than counting how many times we fail.

ACERCÁNDOTE A LA FE

Imagínate disfrutando la naturaleza, regalo de Dios. Siéntate en posición relajada y siente la presencia y el amor de Dios. Termina la oración.

† Jesús, ayúdame para que mi fe sea tan fuerte como. . . .

Jesús, ayúdame para que mi esperanza sea tan grande como. . . .

Jesús, ayúdame para que mi amor por Dios sea tan profundo como. . . .

VIVIENDO LA FE

Siéntate en círculo con tu grupo. Uno a la vez sostengan una pequeña piedra en la palma de la mano. Frótenla cuidadosamente.

Para ayudarte a sentir paz, lentamente mueve la piedra en las palmas de las manos. Escoge una de las afirmaciones que están abajo y complétala. Luego pasa la piedra al compañero a tu lado. Escucha con cuidado como cada uno de tus amigos completa la frase que escogió.

Mi fe me fortalece para. . . .

Mi mayor esperanza es. . . .

Para mí, amar es difícil cuando. . . .

Coming to Faith

Imagine you are standing among God's gifts of nature. Sit in a relaxed position and feel God's presence and love. Finish the prayer.

† Jesus, help my faith to be as strong as. . . .

Jesus, help my hope in God to be as tall as. . . .

Jesus, help my love for God to flow as deep as. . . .

Practicing Faith

Sit in a circle with your group. One at a time hold a small smooth rock in the palm of your hand. Rub it gently. To help you feel at peace, turn the rock over and over slowly in the palm of your hands. Choose one of the statements below and complete it. Then pass the rock to your neighbor. Listen carefully as each of your friends completes a chosen statement.

My faith gives me strength to. . . .

My greatest hope for myself is. . . .

For me, love is most difficult when. . . .

23

REPASO

Encierra en un círculo la letra al lado de la respuesta correcta.

1. Virtudes son

   a. sacramentos.

   b. hábitos.

   c. sacramentales.

2. Fe, esperanza y caridad son

   a. libros de la Biblia.

   b. leyes.

   c. virtudes.

3. Vivir con Dios para siempre en el cielo es

   a. vida eterna.

   b. la Ley del Amor.

   c. esperanza.

4. La virtud de la fe nos ayuda a

   a. creer y confiar en Dios.

   b. tomar buenas decisiones.

   c. ser populares.

5. Di algunas formas en que vivirás las virtudes cardinales.

   _____

   _____

FE VIVA EN EL HOGAR Y EN LA PARROQUIA

En este capítulo los niños aprendieron acerca de las grandes virtudes cristianas de fe, esperanza y caridad—las virtudes teologales. Las llamamos "teologales" porque son dones de Dios, nos dirigen hacia Dios y nos llevan a una profunda relación con la Santísima Trinidad.

Su niño necesita ver el amor de Dios en usted y ver estas grandes virtudes practicadas en la casa. Hable en familia acerca de las formas en que usted practicará mejor estas virtudes esta semana. Pregúntese como puede ser un padre más amoroso para su hijo.

Resumen de la fe

- La fe nos ayuda a creer y a confiar en Dios.
- La esperanza nos da plena confianza en Dios, sin importar lo que pase.
- La caridad nos permite amar a Dios, a nosotros mismos y a nuestro prójimo.

REVIEW · TEST

Circle the letter beside the correct answer.

1. Virtues are

    a. sacraments.

    b. habits.

    c. sacramentals.

2. Faith, hope, and love are

    a. books of the Bible.

    b. laws.

    c. virtues.

3. Living forever with God is called

    a. eternal life.

    b. the Law of Love.

    c. hope.

4. The virtue of faith helps us to

    a. believe and trust in God.

    b. make easy choices.

    c. be popular.

5. Tell some ways you will live one of the cardinal virtues.

    _____

    _____

FAITH ALIVE AT HOME AND IN THE PARISH

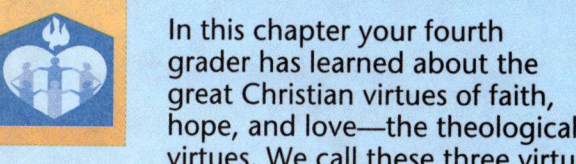

In this chapter your fourth grader has learned about the great Christian virtues of faith, hope, and love—the theological virtues. We call these three virtues "theological" because they are gifts of God, lead us to God, and draw us into a deeper relationship with the Blessed Trinity.

Your child needs to see God's love in you and to experience these great virtues being practiced in your home. Talk as a family about ways each of you will practice these virtues better this week. Ask yourself how you can be a more loving parent to your child.

Faith Summary

- Faith enables us to believe and trust in God.
- Hope enables us to have full confidence in God, no matter what happens.
- Love enables us to love God, ourselves, and our neighbors.

3 La Iglesia, la comunidad de Jesús

Jesús, enséñanos a mostrar que te seguimos.

Nuestra Vida

Simón (quien luego fue llamado Pedro), su hermano Andrés y sus compañeros Santiago y Juan, pescaban una noche en el Mar de Galilea. No pescaron nada.

Apareció Jesús y les dijo que trataran de nuevo. Lo hicieron y pronto los botes estaban tan llenos de peces que estaban a punto de voltearse. Jesús dijo a Pedro: "No temas, de ahora en adelante serás pescador de hombres".

Simón, Andrés, Santiago y Juan rápidamente arrimaron los botes a la orilla. Luego dejaron todo y siguieron a Jesús, haciéndose sus discípulos.
Basado en Lucas 5:1–11

¿Por qué Simón y sus amigos siguieron a Jesús?

¿Qué tiene Jesús que te hace seguirlo?

Compartiendo la vida

Imagínate estar con Simón, Pedro, el día que Jesús le dijo: "Ven, sígueme". ¿Qué te pediría Jesús hacer?

¿Puedes seguir hoy a Jesús? ¿Por qué?

3 The Church, Jesus' Community

Dear Jesus, teach us how to follow you.

Our Life

Simon (later called Peter), his brother Andrew, and their partners James and John had been fishing all night in the Sea of Galilee. They caught nothing.

Then Jesus came along and told them to try again. They did, and soon the boats were so filled with fish that they were almost sinking. Jesus said, "Do not be afraid; from now on you will be catching men."

Simon, Andrew, James, and John quickly pulled the boats up on the beach. Then they left everything and followed Jesus, becoming his disciples.
Based on Luke 5:1–11

Why did Simon and his friends follow Jesus?

What is it about Jesus that makes you want to follow him?

Sharing Life

Imagine you are with Simon Peter on the day that Jesus said, "Come, follow me." What might Jesus be asking you to do?

Can you follow Jesus today? How?

Nuestra Fe Católica

Llenos del Espíritu

Jesús sabía que Pedro y los demás discípulos necesitarían ayuda para vivir como sus discípulos. En la última Cena, Jesús les dijo que les enviaría un consolador. Jesús dijo: "El Espíritu Santo, Intérprete que el Padre les enviará en mi nombre, les va a enseñar todas las cosas y les recordará todas mis palabras".
Basado en Juan 14:26

Al día siguiente, Viernes Santo, Jesús murió en la cruz. Muchos de sus amigos tuvieron miedo y se escondieron. Tres días después su miedo se transformó en gozo. Jesús estaba vivo. Jesús había resucitado de la muerte.

Cuarenta días después, Jesús retornó al cielo con su Padre. Los amigos de Jesús estaban reunidos con María, la madre de Jesús. Los once discípulos escucharon un gran ruido como el de un viento fuerte. Vieron lo que parecían lenguas de fuego en las cabezas de cada uno. Ellos fueron llenos de Dios Espíritu Santo, como Jesús había prometido.

Ahora los discípulos de Jesús salieron como sus testigos. Con valor, ellos predicaron la buena nueva de Jesús. Muchas personas fueron bautizadas. Así fue como la Iglesia empezó a crecer. Llamamos a este día, Pentecostés.

Pentacost Window, Ely Cathedral, Ely, England

Filled with the Spirit

Jesus knew that Peter and his other followers would need help to live as his disciples. At the Last Supper, Jesus told his disciples that he would send them a Helper. Jesus said, "The Advocate, the holy Spirit that the Father will send in my name—he will teach you everything and remind you of all that [I] told you." John 14:26

On the following day, Good Friday, Jesus was put to death on a cross. Many of his friends were so afraid that they ran away to hide. Three days later their fear turned into joy. Jesus was alive. Jesus had risen from the dead!

After forty days, Jesus returned to his Father in heaven. Jesus' friends were together with Mary, his mother. All at once they heard a noise like a loud wind blowing. They saw what looked like tongues of fire spread out and touch each person. They were all filled with God the Holy Spirit, as Jesus promised.

Now the disciples of Jesus went forth as his witnesses. With courage, they told everyone the good news about Jesus. Many people were baptized. This is how our Church began to grow. We call this day the feast of Pentecost.

La Iglesia hoy

Hoy, la Iglesia nos guía por medio de Dios Espíritu Santo. La Iglesia sigue haciendo el trabajo de Jesús, como los primeros cristianos. La Iglesia predica y vive la buena nueva del reino de Dios. Dice a todo el mundo que Dios nos ama y está siempre cerca de nosotros.

Nuestra Iglesia es también una comunidad que rinde culto. Nos reunimos para alabar y dar gracias a Dios, nuestra fuente de vida y amor. En todo el mundo, nuestra Iglesia celebra la misa y los sacramentos. Nuestra Iglesia continúa el trabajo de Jesús de servir y cuidar de los demás, especialmente los más necesitados. Hoy nuestra Iglesia llega a todos y da la bienvenida a todo el mundo a la comunidad de Jesús. Tratamos de vivir como una comunidad de fe, esperanza y amor.

Pertenecemos a la Iglesia

Nos hacemos miembros de la Iglesia por medio del Bautismo. Por este sacramento somos liberados del pecado, nos hacemos hijos de Dios y somos bienvenidos a la Iglesia, el cuerpo de Cristo. Nuestro Bautismo y el pertenecer a la Iglesia nos ayuda a vencer los efectos del pecado original y a vivir como hijos de Dios en el mundo.

Como familia debemos amar y cuidar unos de otros, como Jesús nos enseñó. Nuestra parroquia es una comunidad formada por todas las familias y otras personas de nuestro vecindario que pertenecen a la Iglesia Católica. Juntos alabamos a Dios y vivimos por su reino.

VOCABULARIO

Testigo cristiano es aquel que por su fe y ejemplo, comparte con otros la fe en Jesucristo.

Nos preocupamos unos por otros y por los que no pertenecen a la Iglesia. Compartimos la buena nueva de Jesús y trabajamos por la justicia y la paz. Todas las parroquias católicas en un área forman una diócesis, que es dirigida por un obispo. Todas las diócesis forman la Iglesia Católica, dispersa por todo el mundo.

The Church Today

Today the Church is guided by God the Holy Spirit. The Church still carries on the work of Jesus, as the first Christians did. The Church preaches and lives the good news of God's kingdom. It tells people all over the world that God loves us and is near to us.

Our Church is also a community of worship. We gather together to praise and thank God, our source of life and love. All over the world, our Church celebrates Mass and the sacraments. Our Church continues Jesus' work of serving and caring for others, especially people most in need. Today our Church reaches out to everyone and welcomes all people into Jesus' community. We try to live as a community of faith, hope and love.

We Belong to the Church

We become members of the Church through Baptism. By this sacrament we are freed from the power of sin, become children of God, and are welcomed into the Church, the body of Christ. Our Baptism and our membership in the Church helps us to overcome the effects of original sin and to live as God's children in the world.

We are to love and care for one another, as Jesus teaches us. Our parish is a community made up of all the families and other people in our neighborhood who belong to the Catholic Church. Together we worship God and live for his kingdom. We care for one another and for those who do not belong to the Church. We share the good news of Jesus and work for justice and peace.

All the Catholic parishes in one area make up a diocese, which is led by the bishop. All the dioceses together make up the Catholic Church, which is found throughout the whole world.

> **FAITH WORD**
>
> A Christian **witness** is one, who by faith and example, shares faith in Jesus Christ with others.

Acercándote a la Fe

Explica como el Espíritu Santo nos ayuda a ser testigos de Jesús en nuestra Iglesia. Comparte como predicamos la buena noticia, alabamos y servimos a otros.

Comparte con tus compañeros cómo el pertenecer a la Iglesia hace una diferencia en tu vida.

Viviendo la Fe

Junto a un compañero, elijan una de estas palabras que expresa lo que hace la Iglesia:

TESTIGO, ALABAR, SERVIR. Mira a ver si puedes hacer un acróstico que exprese lo que esto significa para ti. He aquí un ejemplo:

Siendo miembros de la Iglesia.

Estamos unidos por Jesús.

Reunidos como hermanos.

Viviendo como cristianos.

Imitando a nuestro Señor.

Ricos y pobres por igual.

Comparte tu acróstico y para terminar recen juntos:

† Dios Espíritu Santo, danos el valor de ser testigos de Jesús.

32

COMING TO FAITH

Tell how the Holy Spirit helps us in our Church to be witnesses for Jesus. Share how we spread the good news, worship, and serve others.

Then share with one another how belonging to the Church makes a difference in your life.

PRACTICING FAITH

Work with a partner. Choose one of these words that tells what the Church does: **WITNESS; WORSHIP; SERVE.** See whether you can create an acrostic that tells what it means to you. Here is an example:

We spread the good news.

I am a member of the Church.

The Church continues Jesus' work.

Newness of life comes from the Holy Spirit.

Everyone is welcome in our Church.

Spirit-filled, the Church is found throughout the world.

Serving others is one way to witness.

Share your acrostics. Then pray together:

† God the Holy Spirit, give us the courage to be Jesus' witnesses.

33

REPASO

Contesta las siguientes preguntas:

1. ¿Quién es un testigo cristiano?

_____

_____

2. ¿Qué pasó en la última Cena?

_____

_____

3. ¿Qué pasó en la fiesta de Pentecostés?

_____

_____

4. ¿Cómo nos hacemos miembros de la Iglesia?

_____

_____

5. ¿Cómo mostrarás hoy que eres miembro de la comunidad de Jesús, la Iglesia?

_____

_____

EN EL HOGAR Y EN LA PARROQUIA

En esta lección los niños aprendieron como empezó la Iglesia y lo que significa pertenecer a la Iglesia hoy. El Espíritu Santo guía y fortalece a la Iglesia para que continúe el ministerio profético de Jesús en todos los tiempos. El Espíritu Santo nos ayuda hoy de la misma forma que los primeros cristianos fueron ayudados a ser testigos de su fe.

Los niños también aprendieron que en primer lugar, pertenecemos a la Iglesia en nuestras familias. Cada familia tiene la misión de ser testigo de Cristo, alabando a Dios, construyendo comunidad, compartiendo la palabra de Dios y sirviendo como lo hizo Jesús.

Resumen de la fe

- La Iglesia es guiada por el Espíritu Santo.
- La Iglesia predica, sirve, alaba y vive como la comunidad de fe, esperanza y amor de Jesús.
- Nos hacemos miembros de la Iglesia por medio del Bautismo.

REVIEW · TEST

Answer the questions.

1. What is a Christian witness?

_____

_____

2. What happened at the Last Supper?

_____

_____

3. What happened on the feast of Pentecost?

_____

_____

4. How do we become members of the Church?

_____

_____

5. How will you show you are a member of Jesus' community, the Church, today?

_____

_____

FAITH ALIVE AT HOME AND IN THE PARISH

In this lesson your fourth grader learned how the Church began and what it means to belong to the Church today. The Holy Spirit guides and empowers the Church to continue the prophetic ministry of Jesus in every age. The Holy Spirit helps us today in the same way that the first Christians were helped to witness to their faith.

Your child has also learned that first of all we belong to the Church in our families.

Every family has the mission of witnessing to Christ, worshiping God, building community, sharing God's word, and serving as Jesus did.

Faith Summary

- The Church is guided by the Holy Spirit.
- The Church preaches, serves, worships, and lives as Jesus' community of faith, hope, and love.
- We become members of the Church through Baptism.

4 Las Bienaventuranzas

Señor, enséñanos a encontrar la verdadera felicidad al hacer tu voluntad.

Nuestra Vida

Había una vez un rey muy rico llamado Midas. Era el hombre más rico del mundo, pero no era feliz. El quería más.

Un día, mientras con tristeza contaba su dinero, se le apareció un extraño quien le preguntó: "¿Por qué estás triste rey Midas?"

Midas contestó: "Me gustaría que todo lo que tenga fuera de oro".

"Tu deseo sea cumplido", contestó el extraño.

A la mañana siguiente cuando Midas despertó tocó su sábana. Se convirtió en oro. También sus ropas y sus muebles. Midas estaba delirante de felicidad. Todo lo que tocaba se convertía en oro. Su hijita vino corriendo hacia él. Se tiró en sus brazos y lo besó y se convirtió en una bonita estatua de oro.

Termina la historia e intercambia tu final con uno de tus compañeros. ¿Qué piensas del deseo de Midas y sus resultados?

Compartiendo la Vida

Si pudieras desear algo que te hiciera feliz, ¿qué desearías? ¿Por qué?

36

4 The Beatitudes

Lord, teach us to find true happiness in doing your will.

Our Life

Once upon a time there was a very rich king called Midas. He was the richest man in the world, but he was not happy. He wanted more. One day, as he sadly counted his gold, a stranger suddenly appeared before him. "Why are you sad, King Midas?" asked the stranger.

Midas said, "I wish everything I owned were gold."

"You shall have your wish," said the stranger.

The next morning when Midas awoke, he touched his blanket. It turned to gold! So did his clothes and his furniture! Midas was deliriously happy.

He had the golden touch! Suddenly his little daughter came running to him. She threw her arms around him and kissed him. She became a beautiful golden statue.

Finish the story and share your endings with one another. What do you think of Midas' wish and its results?

Sharing Life

Imagine what Jesus would wish for us. Share your ideas as a group.

37

Nuestra Fe Catolica

Verdadera felicidad

La gente algunas veces piensa que tener mucho dinero, posesiones o ser famoso le dará la felicidad. Jesús enseñó que la verdadera felicidad viene de hacer la voluntad de Dios. Un día Jesús empezó a enseñar a la gente lo que era la verdadera felicidad. El enseñó las Bienaventuranzas.

Las Bienaventuranzas son el espíritu de amor, paz, justicia, misericordia y generosidad requerido para ser discípulo de Jesús. Ellas nos recuerdan que, al vivir el reino de Dios encontramos verdadera felicidad.

No es fácil vivir las Bienaventuranzas. Necesitamos valor para escoger vivirlas. Pero el Espíritu Santo está con nosotros para ayudarnos a vivir como discípulos de Jesús.

Our Catholic Faith

True Happiness

People sometimes think that having a lot of money or possessions or being famous will make them happy. Jesus taught that true happiness comes from doing God's loving will. One day Jesus began to teach the people how to be truly happy. He taught them the Beatitudes.

The Beatitudes are the spirit of love, peace, justice, mercy, and generosity required of Jesus' disciples. They remind us that in living for God's kingdom, we find true happiness.

It is not easy to live the way of the Beatitudes. We need courage to choose to live this way. But the Holy Spirit is with us and helps us live as Jesus' disciples.

VOCABULARIO

Las **Bienaventuranzas** son formas de amar que Jesús nos dio para que podamos ser verdaderamente felices.

He aquí las ocho Bienaventuranzas y lo que significan.

Las Bienaventuranzas	Lo que significan
Bienaventurados los pobres de espíritu, porque de ellos es el Reino de los Cielos.	Los pobres de espíritu dependen de Dios para todo. Nada es más importante para ellos que Dios.
Bienaventurados los que lloran, porque ellos serán consolados.	Los que se entristecen por el pecado, el mal y el sufrimiento del mundo pero confían en la voluntad de Dios; Dios los conforta.
Bienaventurados los mansos, porque ellos poseerán en herencia la tierra.	Los humildes muestran gentileza y paciencia hacia los demás. Ellos compartirán las promesas de Dios.
Bienaventurados los que tienen hambre y sed de justicia, porque ellos serán saciados.	Los justos hacen la amorosa voluntad de Dios.
Bienaventurados los misericordiosos, porque ellos alcanzarán misericordia.	Los misericordiosos se preocupan de los sentimientos de los demás. Ellos están dispuestos a perdonar a aquellos que les ofenden.
Bienaventurados los limpios de corazón, porque ellos verán a Dios.	Los que ponen a Dios primero en sus vidas son puros de corazón. Ellos dejan sus preocupaciones a Dios.
Bienaventurados los que buscan la paz, porque ellos serán llamados hijos de Dios.	Los que trabajan por la paz llevan paz y reconciliación a la vida de los demás. Ellos tratan a todos justamente.
Bienaventurados los perseguidos por causa de la justicia, porque de ellos es el reino de los cielos. Mateo 5:3–10	Los que están dispuestos a ser ignorados o insultados por hacer lo que ellos creen es la voluntad de Dios, compartirán el reino de Dios.

FAITH WORD

The **Beatitudes** are ways of living that Jesus gave us so that we can be truly happy.

Here are the eight Beatitudes and what they mean.

The Beatitudes	What They Mean
Blessed are the poor in spirit, for theirs is the kingdom of heaven.	People who are poor in spirit depend on God for everything. Nothing becomes more important to them than God.
Blessed are they who mourn, for they will be comforted.	People who are saddened by sin, evil, and suffering in the world but trust that God will comfort them.
Blessed are the meek, for they will inherit the land.	Humble people show gentleness and patience toward others. They will share in God's promises.
Blessed are they who hunger and thirst for righteousness, for they will be satisfied.	People who are fair and just towards others are doing God's loving will.
Blessed are the merciful, for they will be shown mercy.	Merciful people are concerned about others' feelings. They are willing to forgive those who hurt them.
Blessed are the clean of heart, for they will see God.	People who keep God first in their lives are pure in heart. They give their worries and concerns to God.
Blessed are the peacemakers, for they will be called children of God.	Peacemakers are people who bring peace and reconciliation into the lives of others. They treat others fairly.
Blessed are those who are persecuted . . . for theirs is the kingdom of heaven. *Matthew 5:3–10*	People who are willing to be ignored or insulted for doing what they feel God wants will share in his kingdom.

Acercándote a la Fe

¿Crees que hay que tener valor para vivir el espíritu de amor, paz, justicia, misericordia y generosidad que enseñan las Bienaventuranzas? Explícalo.

Explica por qué crees que Jesús llama "bienaventurados" a estas personas.

- los misericordiosos
- los que trabajan por la paz
- los que trabajan por la justicia

Viviendo la Fe

Formen dos equipos. Cada uno escribirá ocho preguntas "¿quién soy?" acerca de las Bienaventuranzas. Cada equipo retará al otro para nombrar la bienaventuranza. Por ejemplo:

Pido hacer lo que Dios quiere aun cuando los demás se burlen o me insulten. "¿Quién soy?"

Todos recen.

† Jesús, ayúdanos a ser bienaventurados, que trabajen por la paz, el amor, la justicia y la misericordia y a preocuparnos por los necesitados. Así conoceremos la verdadera felicidad del reino de Dios.

Terminen rezando en voz alta y con reverencia las Beatitudes.

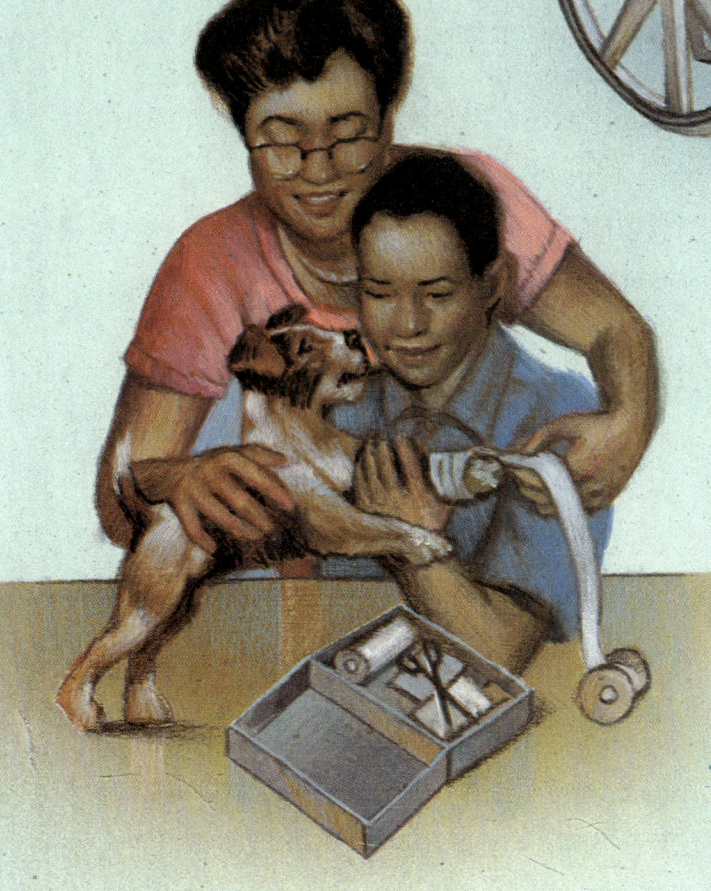

Coming to Faith

Do you think it takes courage to live with the spirit of love, peace, justice, mercy, and generosity that the Beatitudes teach? Explain.

Explain why you think Jesus calls these people "happy."

- the peacemakers
- the merciful
- those who work for justice

Practicing Faith

Form two teams. Each team will draw up eight "Who am I?" beatitude questions. Each team will challenge the other to name the beatitude. For example:

I call you to do what God wants even when people make fun of you or insult you. Who am I? (eighth beatitude)

Pray together.

✝ Jesus, help us to be beatitude people—people who work for peace, love, justice, mercy, and care for those in need. Then we will truly know the happiness of God's kingdom.

Close by reading aloud each beatitude together slowly and prayerfully.

43

REPASO

Completa cada una de las siguientes bienaventuranzas.

1. Bienaventurados los _____;
   ellos recibirán misericordia.

2. Bienaventurados los que lloran; ellos serán

   _____ .

3. Bienaventurados los pobre de _____;
   porque de ellos es el reino de los cielos.

4. Bienaventurados los que buscan la paz: ellos serán llamados

   _____ de Dios.

5. ¿Cómo puedes trabajar por la paz entre tus amigos?

   _____

   _____

FE VIVA — EN EL HOGAR Y EN LA PARROQUIA

En esta lección los niños aprendieron que las Bienaventuranzas son un componente esencial en la vida diaria de un discípulo. Si queremos seguir plenamente el ejemplo de Jesús, debemos conocer y tratar de vivir las Bienaventuranzas. Pida a su hijo decirle lo que cada bienaventuranza significa para él.

La palabra *bienaventurados* usada en las Bienaventuranzas significa "bendecidos por Dios". Implica que somos liberados de todo tipo de ansiedad, duda y preocupaciones. Con las Bienaventuranzas Jesús nos enseña lo que significa ser sus discípulos. El nos llama al amor, la justicia, la paz y a una confianza en Dios sin límites.

Resumen de la fe

- Las Bienaventuranzas nos enseñan como seguir a Jesús y ser verdaderamente felices.
- El Espíritu Santo nos ayuda a vivir las Bienaventuranzas.
- Las Bienaventuranzas son el espíritu de amor, misericordia y generosidad que se requiere para ser discípulo de Jesús.

REVIEW • TEST

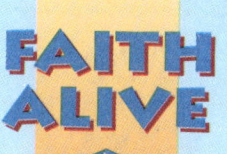

Complete each beatitude below.

1. Blessed are the _____, for they will be shown mercy.

2. Blessed are those who mourn, for they will be _____.

3. Blessed are the poor in _____, for theirs is the kingdom of heaven.

4. Blessed are the peacemakers, for they will be called _____ of God.

5. How can you work for peace among your friends?

_____

_____

FAITH ALIVE AT HOME AND IN THE PARISH

In this lesson your fourth grader learned that the Beatitudes are an essential component in the everyday life of a disciple. If we want to follow Jesus' example fully, we must know and try to live the Beatitudes. Let your child tell you what each beatitude means to him or her.

Often the word *happy* is used in each beatitude to mean "blessed by God." It implies that we are freed from the kind of anxiety, doubt, and needless worry that most of us find debilitating. In the Beatitudes, Jesus teaches us what it means to be his disciples. He calls us to love, justice, peace and to a radical trust in God.

Faith Summary
- The Beatitudes teach us how to follow Jesus and be truly happy.
- The Holy Spirit helps us to live the Beatitudes.
- The Beatitudes are the spirit of love, mercy, and generosity required of Jesus' disciples.

5 Viviendo de la mejor manera

Jesús, ayúdanos a recordar que todo lo que hacemos por otro lo hacemos por ti.

Nuestra Vida

Un día Jesús enseñó la parábola del buen samaritano.

Un hombre viajaba de Jerusalén a Jericó. De repente una turba lo atacó, lo golpeó de mala manera y le robó todo lo que tenía. Lo dejaron en una cuneta medio muerto.

Luego un sacerdote del Templo que pasaba por el camino lo vio, pero pasó a la otra acera de la vereda. Después un levita pasó, miró al hombre pero siguió su camino.

Finalmente un samaritano, un extranjero, alguien odiado por los israelitas, se acercó al hombre. Se detuvo y con gentileza lo levantó y curó sus heridas. Luego lo puso encima de su burro y lo llevó a una posada. Dio dinero al dueño de la posada y le dijo: "Cuídalo. Lo que gaste de más, yo te lo pagaré a mi vuelta".

Basado en Lucas 10:30–35

¿Cuál de estas personas actuó como prójimo del hombre?

¿Qué oyes a Jesús decirte?

Compartiendo la Vida

¿Has ayudado alguna vez a alguien que no esperaba tu ayuda? Cuéntanos sobre ello.

¿Quiénes son "buenos samaritanos" en nuestro mundo de hoy?

¿Tienes que conocer a alguien para ser su prójimo? Explica.

5 Living as Our Best Selves

Jesus, help us to remember that whatever we do for others, we do for you.

Our Life

One day Jesus told the parable of the Good Samaritan.

A man was traveling from Jerusalem to Jericho. Suddenly a gang attacked him, beat him badly, and took everything he had. They left him lying in a ditch, half dead.

Soon a priest from the Temple came along the road. He saw the man but walked by on the other side of the road. Then a Levite came by. He went over and looked at the man but then kept on going.

Finally a Samaritan, a foreigner and someone hated in Israel, came upon the man. He stopped, gently lifted the man and cared for his wounds. Then he put the man on his donkey and took him to an inn. He gave the innkeeper money, saying, "Take care of him. . . . I shall repay you on my way back."

Based on Luke 10:30–35

Which person do you think acted as a neighbor to the man?

What do you hear Jesus saying for your life?

Sharing Life

Did you ever help someone who didn't expect your help? Tell about it.

Who are some "good Samaritans" in our world today?

Do you have to know someone in order to be a "neighbor" to them? Explain.

47

Nuestra Fe Católica

Las obras de misericordia

Jesús enseñó a sus discípulos cómo él quería que ellos vivieran. Un día él dijo a una multitud que él vendría de nuevo al final del mundo a juzgar a todos. Esto es el juicio final, el Señor separará a la gente en dos grupos, de la misma manera en que un pastor separa a las ovejas de las cabras. Al primer grupo a su derecha, le dirá: "¡Vengan benditos de mi Padre! Tomen posesión del reino que ha sido preparado para ustedes desde el principio del mundo".

- "Tuve hambre y ustedes me alimentaron, sediento y me dieron de beber".

- "Cuando extranjero me acogieron, desnudo y me vistieron".

- "Estuve enfermo y fueron a visitarme, en la cárcel y me visitaron".

Esa gente dirá: "Señor, ¿cuándo hicimos esas cosas por ti?"

Jesús les contestará: "Les digo que todo lo que hicieron por alguno de estos más pequeños, que son mis hermanos, lo hicieron conmigo".

Luego Jesús se dirigirá al otro grupo diciendo: "Siempre que no lo hicieron con algunos de estos más pequeños, que son mis hermanos, conmigo no lo hicieron". Jesús les dirá: "Apártense de mí".

Este grupo de "las cabras" será enviado al castigo eterno del infierno. El otro grupo de "las ovejas", quienes hicieron la voluntad de Dios recibirá vida eterna con Dios en el cielo.

Basado en Mateo 25:31–46

Our Catholic Faith

The Works of Mercy

Jesus taught his disciples how he wanted them to live. One day he told a large crowd that he would come again at the end of the world to judge everyone. At this last judgment, the Lord will separate people into two groups, just as a shepherd separates the sheep from the goats. To the first group on his right, he will say, "Come, you who are blessed by my Father. Inherit the kingdom prepared for you from the foundation of the world."

- I was hungry and you gave me food, I was thirsty and you gave me drink.

- I was a stranger and you welcomed me, naked and you clothed me.

- I was ill and you cared for me, in prison and you visited me.

These people will say, "Lord, when did we ever do any of these for you?"

Jesus will say, "I say to you, whatever you did for one of these least brothers of mine, you did for me."

Then Jesus will turn to the other people and say, "What you did not do for one of these least ones, you did not do for me." Jesus will say to these people, "Depart from me."

These people, "the goats," will be sent into the eternal punishment of hell. The others, "the sheep," who did God's will, shall receive eternal life in heaven.

Based on Matthew 25:31–46

VOCABULARIO

Cielo es estar con Dios y sus amigos para siempre.

La Iglesia Católica nos enseña formas para ayudar y cuidar de las necesidades físicas de los demás. Estas son llamadas obras corporales de misericordia. *Corporal* se refiere a las necesidades de nuestro cuerpo para estar sanos y bien.

Para ayudarnos a cuidar de las necesidades espirituales de la gente la Iglesia Católica nos enseña las obras espirituales de misericordia.

Obras corporales de misericordia
- Dar de comer al hambriento.
- Dar de beber al sediento.
- Vestir al desnudo.
- Visitar a los prisioneros.
- Dar albergue al que no tiene hogar.
- Cuidar de los enfermos.
- Enterrar a los muertos.

Obras espirituales de misericordia
- Compartir el conocimiento.
- Aconsejar a quien lo necesite.
- Consolar al que sufre.
- Ser paciente.
- Perdonar las ofensas.
- Corregir al que lo necesite.
- Rezar por los vivos y los muertos.

Cuando somos justos y misericordiosos, vivimos como Dios quiere que vivamos. Vivimos el reino de Dios.

FAITH WORD

Heaven is being with God and the friends of God forever.

The Catholic Church teaches us ways to help us care for the physical needs of others. They are called the Corporal Works of Mercy. *Corporal* refers to what our bodies need to be healthy and well.

To help us care for the spiritual needs of people, the Catholic Church teaches us the Spiritual Works of Mercy.

The Corporal Works of Mercy
- Feed the hungry.
- Give drink to the thirsty.
- Clothe the naked.
- Help those imprisoned.
- Shelter the homeless.
- Care for the sick.
- Bury the dead.

The Spiritual Works of Mercy
- Share your knowledge with others.
- Give advice to those who need it.
- Comfort those who suffer.
- Be patient with people.
- Forgive those who hurt us.
- Give correction to those who need it.
- Pray for the living and the dead.

When we are just and merciful, we live as God wants us to live. We live the way of the kingdom of God.

ACERCANDOTE A LA FE

Formen un grupo y dramaticen la historia del buen samaritano. Escojan a alguien para narrar la historia y otros para dramatizar las partes.

Finalicen haciendo la pregunta que hizo Jesús: "¿Quién fue el prójimo del hombre?"

Luego formen otro grupo para dramatizar la historia del juicio final.

Pregúntense unos a otros: ¿Por qué es al mismo Jesús a quien estamos cuidando cuando hacemos obras de misericordia?

VIVIENDO LA FE

Di a un amigo una forma en que practicarás una obra de misericordia esta semana.

Decide cuándo y cómo lo harás. Comparte tu decisión con el grupo.

Termina rezando una oración por la familia.

COMING TO FAITH

Have one group act out the story of the Good Samaritan. Choose someone to narrate the story as others act the parts.

End by asking, as Jesus did, "Who was neighbor to the man?"

Then have another group act out Jesus' story of the last judgment.

Ask one another: Why is it Jesus himself for whom we are caring when we do the Works of Mercy?

PRACTICING FAITH

Talk with a friend about one way you can practice a work of mercy this week.

Decide when and how you will do it. Share your decision with the group.

End by praying for the family as a group.

53

REPASO

Encierra en un círculo la letra al lado de la respuesta correcta.

1. Las obras _____ de misericordia nos ayudan a cuidar de las necesidades físicas de los demás.

   a. espirituales   **b.** celestiales   **c.** corporales

2. Cuando ayudamos a alguien que está triste estamos haciendo una obra _____ de misericordia.

   a. espiritual   **b.** corporal   **c.** divina

3. _____ es estar con Dios y sus amigos para siempre.

   a. Misericordia   **b.** Iglesia   **c.** Cielo

4. Jesús dijo: "todo lo que hicieron por mis hermanos por _____ lo hicieron".

   a. mí   **b.** nadie   **c.** amor

5. Escribe una forma en que tratarás de vivir justamente.

   _____

FE VIVA

EN EL HOGAR Y EN LA PARROQUIA

En este capítulo los niños aprendieron que Jesús nos enseñó cómo seremos juzgados como sus discípulos. Jesús nunca fue más enérgico en sus enseñanzas que cuando habló acerca de las formas en que debemos cuidar unos de otros. La hermosa parábola del buen samaritano y la del juicio final aclaran cuales son nuestras responsabilidades como cristianos. En familia ayúdense unos a otros a ver que las obras corporales y espirituales de misericordia son formas de vivir por el reino de Dios. Mire a ver lo bien que el niño puede explicarlas. Hablen de su importancia para la familia y las formas en que la Iglesia nos ayuda a vivirlas.

Resumen de la fe

- Las obras corporales de misericordia son formas en que nos preocupamos de las necesidades físicas de los demás.

- Las obras espirituales de misericordia son formas en que nos preocupamos de las necesidades espirituales de los demás.

- Como discípulos de Jesús, debemos vivir las obras corporales y espirituales de misericordia.

REVIEW · TEST

Circle the letter beside the correct answer.

1. The _____ Works of Mercy help us care for the physical needs of others.

    a. Spiritual **b.** Heavenly **c.** Corporal

2. When we help someone who is sad, we are doing a _____ work of mercy.

    a. spiritual **b.** corporal **c.** Divine

3. _____ is being with God and the friends of God forever.

    a. Mercy **b.** Church **c.** Heaven

4. Jesus said, "Whatever you did for one of these least brothers of mine, you did it for _____."

    a. me **b.** nothing **c.** love

5. Write one way you will try to live justly.

    _____

    _____

FAITH ALIVE — AT HOME AND IN THE PARISH

In this chapter your fourth grader learned that Jesus taught us how we will be judged as his disciples. Jesus was never stronger in his teaching than when he spoke about the ways we must care for others. The beautiful parable of the Good Samaritan and the parable of the last judgment make clear what our responsibilities are in living our Catholic faith. As a family, help one another to see that the Corporal and Spiritual Works of Mercy are ways to live for the reign of God. See how well your child can explain them to you. Talk about their importance for your family and about ways the Church helps us to practice them.

Faith Summary

- The Corporal Works of Mercy are ways we care for one another's physical needs.

- The Spiritual Works of Mercy are ways we care for one another's spiritual needs.

- As disciples of Jesus, we must live the Corporal and Spiritual Works of Mercy.

6 Celebrando la Reconciliación

Jesús, enséñanos a mostrar que te seguimos.

Nuestra Vida

Un día Jesús enseñaba a la gente en la casa de un amigo. Había un paralítico que quería que Jesús lo sanara. Sus amigos lo llevaron a la casa pero había mucha gente y no podían acercarse a Jesús. Así que llevaron al paralítico al techo de la casa, abrieron un hoyo y bajaron al hombre en su estera hasta Jesús. Jesús le sonrió, estaba contento con la fe del hombre. El le dijo: "Tus pecados te son perdonados amigo".
Los maestros de la ley se horrorizaron. "¡Qué blasfemia!", dijeron. "Sólo Dios puede perdonar los pecados".

Jesús los miró y les preguntó: "¿Qué es más fácil decir; tus pecados te son perdonados, o; levántate y anda? Sepan, pues, que el Hijo del Hombre tiene poder en la tierra para perdonar los pecados". Entonces dijo al paralítico: "Levántate, toma tu camilla y vuélvete a tu casa".

Al instante el hombre se paró y se fue a su casa lleno de gozo y alabando a Dios.
Basado en Lucas 5:17–25

¿Por qué Jesús perdonó los pecados al paralítico y le ayudó a caminar de nuevo?

¿Qué se siente al ser perdonado verdaderamente?

Compartiendo la Vida

Imagina que eres el paralítico. Tus amigos te llevan frente a Jesús. El te sonríe. El está contento porque tú confías en él. ¿Cómo te sientes cuando te

- dice que estás perdonado?
- dice que camines?
- das cuenta de que estás perdonado y curado?

56

6 Celebrating Reconciliation

Jesus, teach us how to forgive and how to be forgiven.

Our Life

One day Jesus was teaching the people in a friend's house. There was a paralyzed man who wanted Jesus to heal him. His friends carried him to the house but because of the crowds they could not get near. So they carried the paralytic to the roof, opened up some tiles, and lowered the man on his mat right down in front of Jesus. When Jesus saw their faith, he said to them, "As for you, your sins are forgiven."

The teachers of the Law were horrified. "Who is this who speaks blasphemies?" they said. "Who but God alone can forgive sins?"

Jesus looked at them. "Which is easier, to say, 'Your sins are forgiven,' or to say 'Rise and walk'?" To show that he had the power to forgive sins, Jesus turned to the paralyzed man and told him to get up, pick up his mat, and go home!

All at once the man got up and went home rejoicing and praising God.
Based on Luke 5:17–25

Why did Jesus both forgive the paralytic's sins and help him to walk again?

How does it feel to be truly forgiven?

Sharing Life

Imagine that you are the paralyzed man. Your friends lower you right in front of Jesus. He smiles at you. He is pleased that you trust him so much. How do you feel when:

- he says you are forgiven?
- he tells you to walk?
- you realize you are both forgiven and cured?

Nuestra Fe Católica

Dios siempre perdona
Como discípulos de Jesucristo, somos llamados a amar y a cuidar unos de los otros. Debemos vivir para construir el reino de Dios de justicia y paz para todos.

Cuando vivimos como Jesús nos enseñó, ayudamos a todos a ver que Dios está con nosotros ahora. Pero no siempre vivimos para el reino de Dios o hacemos lo que Dios quiere que hagamos. No siempre amamos a Dios y a los demás como debemos. No siempre nos amamos a nosotros mismos de la forma correcta. Algunas veces pecamos. Pecamos cuando libremente hacemos lo que sabemos es malo. Desobedecemos la ley de Dios a propósito.

Dios siempre nos perdona si estamos arrepentidos y lo demostramos. Queremos que las personas a quienes hemos ofendido nos perdonen. Queremos que Dios nos perdone también. Celebramos el perdón de Dios en el sacramento de la Reconciliación.

Our Catholic Faith

God Always Forgives

As disciples of Jesus Christ, we are called to love and care for one another. We are to live for God's kingdom of justice and peace for all people.

When we live as Jesus taught, we help everyone to know that God is with us now. But we do not always live for God's kingdom or do what he wants us to do.

We do not always love God and others as we should. We do not always love ourselves in the right way. Sometimes we sin. We sin when we freely choose to do something that we know is wrong. We disobey God's law on purpose.

God always forgives us if we are sorry and show it. We want the person we have hurt to forgive us. We want God to forgive us, too. We celebrate his forgiveness in the sacrament of Reconciliation.

I'M SORRY

Preparándonos para la Reconciliación

Nos preparamos para el sacramento de la Reconciliación dando gracias a Dios por amarnos tanto, haciendo un examen de conciencia. Pensamos en los Diez Mandamientos, la Ley del Amor y las Bienaventuranzas. Nos preguntamos si hemos vivido de la forma en que Jesús nos enseñó. (Puedes ver las páginas 80 y 40).

Pensamos en las obras corporales de misericordia y nos preguntamos si hemos socorrido a personas con necesidades físicas. Pensamos en las obras espirituales de misericordia y nos preguntamos si hemos socorrido a aquellos con necesidades espirituales. (Ver página 50).

Pensamos en las buenas cosas que tenemos y damos gracias a Dios. Pedimos a Dios que nos ayude a seguir viviendo, como discípulos de Jesús, para el reino de Dios.

Pensamos en las cosas buenas que pudimos hacer, pero que no hicimos. Decidimos que trataremos con más fuerza de vivir por el reino de Dios.

Pensamos en las cosas malas que hicimos. Decimos a Dios que estamos arrepentidos. Prometemos tratar de cambiar nuestras vidas y pedimos a Dios que nos ayude. Recordamos decir a las personas que hemos ofendido que estamos arrepentidos.

Preparing for Reconciliation

We prepare for the sacrament of Reconciliation by thanking God for having loved us so much and by examining our conscience. We think about the Ten Commandments, the Law of Love, and the Beatitudes. We ask ourselves whether we have been living the way that Jesus showed us to live. (You can find these on pages 81 and 41.)

We think about the Corporal Works of Mercy and ask ourselves whether we have been caring for people's physical needs. We think about the Spiritual Works of Mercy and ask ourselves whether we have been caring for the spiritual needs of others. (You can review these on page 51.)

We think of the good things we have done and thank God. We ask God to help us to continue living as disciples of Jesus for the kingdom of God.

We think of the good things that we could have done, but did not do. We decide that we will try harder to live for God's kingdom.

We think of the sinful things we may have done. We tell God we are sorry. We promise to try to change our lives and we ask for God's help. We remember to tell the person whom we might have hurt that we are sorry, too.

Acercándote a la Fe

Toma unos minutos para pensar acerca de las formas en que has tratado de vivir como seguidor de Jesucristo.

Trata de no poner atención a los ruidos. Pregúntate cómo has tratado de hacer la voluntad de Dios, por la forma en que has vivido esta semana.

Da gracias a Dios por todas las cosas buenas que te ha dado. Pide a Dios te perdone tus pecados y fallos y que te ayude a ser mejor. Después en grupo hagan una oración.

Viviendo la Fe

Servicio de oración para pedir perdón
Empiecen cantando una canción apropiada

Lector: (Leer Mateo 25:31–45).

(Pausa para reflexionar sobre la lectura.)

Respuesta

Guía: Por dudar de que Dios está siempre con nosotros.

Todos: Jesús, pedimos perdón.

Guía: Por los momentos en que elegimos no vivir por el reino de Dios.

Todos: Jesús, pedimos perdón.

Guía: Por las veces en que no nos preocupamos de las necesidades de los demás.

Todos: Jesús, pedimos perdón.

Guía: Por las veces que no nos preocupamos por los hambrientos.

Todos: Jesús, pedimos perdón.

Guía: Por los momentos en que no trabajamos por la paz.

Todos: Jesús, pedimos perdón.

Todos: (Recen un Padre Nuestro.)

Guía: Vamos a darnos la señal de la paz.

Para terminar canten una canción.

Coming to Faith

Take a few minutes now to think about the ways you have tried to live as a follower of Jesus Christ.

Try to shut out any noises or distractions. Ask yourself how you have tried to do God's loving will by the way you have lived this week.

Thank God for the good things you have done. Ask God to forgive your sins and failings and to help you do better. Now let's pray together.

Practicing Faith

A Prayer Service for Forgiveness

Opening Hymn

Joyful, joyful, we adore you,
God of glory, Lord of love;
Hearts unfold like flowers before you,
Opening to the sun above.
Melt the clouds of sin and sadness;
Drive the dark of doubt away;
Giver of eternal gladness,
Fill us with the light of day.

Reader: (Read Matthew 25:31–45.)
(Pause for silent reflection on reading.)

Prayer Response

Leader: For failing to be aware that God is with us in our lives,

All: Jesus, we ask for forgiveness.

Leader: For the times we choose not to live for God's kingdom,

All: Jesus, we ask for forgiveness.

Leader: For the times when we did not care for the needs of others,

All: Jesus, we ask for forgiveness.

Leader: For the times when we did not care for people who are hungry,

All: Jesus, we ask for forgiveness.

Leader: For the times we were not peacemakers,

All: Jesus, we ask for forgiveness.

All: (Pray the Our Father together.)

Leader: Let us exchange a sign of peace with one another.

Closing Hymn

Sing to the tune of "Joyful, Joyful!"

Jesus, Jesus please forgive us,
For the times we did not love.
We will try to be disciples,
And spread peace and joy to all.
Thank you, God, for your forgiveness
For our failings and our sins.
We are joyful for God's blessings,
Helping us to love again.

REPASO

Contesta las siguientes preguntas.

1. ¿Cuáles fueron las dos cosas que hizo Jesús en la historia bíblica acerca del paralítico?

   _____

   _____

2. ¿Qué es pecar?

   _____

   _____

3. ¿En cuál sacramento celebramos el perdón de Dios?

   _____

4. ¿En qué debemos pensar cuando examinamos nuestra conciencia? Nombra dos.

   _____

   _____

5. ¿Cómo la Reconciliación te ayuda a crecer como discípulo de Jesús?

   _____

   _____

FE VIVA

EN EL HOGAR Y EN LA PARROQUIA

En este capítulo se les recordó a los niños como Dios quiere que vivamos como discípulos de Jesús y sobre el don del sacramento de la Reconciliación. Es importante que ayudemos a los niños a entender la relación entre reconciliación y conversión. Conversión es un proceso, de *alejarnos* del pecado y de *regresar* a Dios, que dura toda la vida. La Reconciliación nos sana y fortalece para continuar nuestro viaje hacia Dios. Incluye el tratar de no pecar y hacer las paces con aquellos a quienes nuestros pecados han herido.

Resumen de la fe

- Pecamos cuando libremente escogemos hacer lo que está mal. Desobedecemos la ley de Dios a propósito.
- Dios siempre nos perdona cuando estamos arrepentidos.
- Examinamos nuestra conciencia para prepararnos para la Reconciliación.

REVIEW • TEST

Answer the questions.

1. In the gospel account of the paralyzed man, Jesus did two things for the man. What are they?

_____

_____

2. What is sin?

_____

_____

3. In what sacrament do we celebrate God's forgiveness?

_____

4. What things should we think of when examining our conscience? Name at least two.

_____

_____

5. How does Reconciliation help you to grow as a disciple of Jesus?

_____

_____

FAITH ALIVE AT HOME AND IN THE PARISH

In this chapter your fourth grader was reminded about the way God wants us to live as disciples of Jesus and about the gift of the sacrament of Reconciliation. It is important that we help our children understand the connection between reconciliation and conversion. Conversion is a lifelong process of turning *away* from sin and turning *toward* God. Reconciliation heals us and strengthens us to continue our journey toward God. It involves both trying not to sin again and making up with those whom our sins have hurt.

Faith Summary

- We sin when we freely choose to do what we know is wrong. We disobey God's law on purpose.

- God always forgives us when we are sorry.

- We examine our conscience to prepare for Reconciliation.

7 Celebrando la Eucaristía

Jesús, haz que la Eucaristía nos ayude a compartir nuestras vidas con otros.

Nuestra Vida

Amigos especiales: (obra de teatro)

Ana: Señor Pérez, ¡Qué buen paseo el que dimos al centro comunitario! Fue como pasar un día con mis abuelos. Todos fueron muy amistosos.

El señor Pérez: Parece que todos disfrutamos el día. ¿Por qué no nos turnamos para recordarlo?

Miguel: El señor Rico cuenta buenas historias. Sus historias sobre la guerra me hicieron sentir que estaba participando en ella.

Cris: A todos les gustaron nuestros emparedados y galleticas. El señor Beltré me dijo que merecíamos una medalla de oro.

Ada: ¿Vieron como el señor Dájer esculpió una cara en mi manzana? Parecía tan real que no quería comérmela.

El señor Pérez: ¿Recuerdan la canción que nuestros nuevos amigos cantaron antes de almorzar? Vamos a cantarla.

Jerónimo: ¡Oh, la recuerdo! La señora Frías tocó el piano.

Todos: ¡Qué lindo es vivir para amar!
¡Qué grande es tener para dar!
Dar alegría, felicidad, darse uno mismo, eso es amar.
Dar alegría, felicidad, darse uno mismo eso es amar.

¿Qué has aprendido de algunos ancianos que conoces?

¿Cómo agradeces a las personas mayores?

Compartiendo la Vida

Imagina que Jesús viene a compartir una comida con nosotros. ¿De qué hablaríamos con él?

¿Piensas que Jesús está contigo cuando compartes con otros? ¿Cómo?

7 Celebrating Eucharist

Jesus, may the Eucharist help us to share our lives with others

Our Life

Special Friends: A Play

Anna: Mrs. Carr, what a great trip to the community center! It was like spending the day with my grandparents. Everyone was so friendly.

Mrs. Carr: It seems like we all enjoyed the day. How about if we take turns to share what we remember.

Mike: Mr. Ricco is a good story teller. His stories about the war made me feel I was right there with him.

Chris: Everyone really liked our sandwiches and cookies! Mrs. Beltmen told me we should get the golden apron award.

Ashley: Did you see how Mr. Drake carved a face in my apple? It looked so real I didn't want to ruin it by eating it.

Mrs. Carr: Do you remember the song all our new friends sang before we ate our lunch? Let's sing it together.

Jerome: Oh, I remember it! Mrs. Foster played it on the piano. She said it was the same tune as "She'll Be Coming 'Round the Mountain."

All: Let us show that we are grateful for God's gifts.
Let us show that we are grateful for God's gifts.
Let us praise our God in heaven.
Let us all sing our thanksgiving.
Let us show that we are grateful for God's gifts.

What have you learned from senior citizens you know?

How do you show your thanks for older people?

Sharing Life

Imagine Jesus came to share a meal with us. What would we talk to him about?

Do you think Jesus is with you when you share with others? How?

Nuestra Fe Católica

La Eucaristía

Jesucristo está con nosotros hoy de manera especial en la Eucaristía. Celebramos la Eucaristía en la misa, nuestra mayor oración de alabanza y acción de gracias a Dios. La misa es una comida y un sacrificio. Junto con nuestra familia parroquial, nos reunimos en asamblea para adorar en la celebración de la misa.

En la misa recordamos todo lo que Jesús hizo para salvarnos. En la última Cena, la noche antes de morir, Jesús celebró la fiesta de Pascua con sus discípulos.

Durante la comida, Jesús tomó pan y dio gracias a Dios. Dio el pan a sus amigos y dijo: "Esto es mi cuerpo el que es entregado por ustedes".

Luego tomó una copa de vino y dio gracias a Dios. Pasó la copa a sus discípulos y dijo: "Esta copa es la Alianza Nueva sellada con mi sangre".

El pan y el vino son ahora el Cuerpo y la Sangre de Jesús, aun cuando parezcan y sepan a vino y pan. Jesús dijo a sus amigos: "Hagan esto en memoria mía".

Jesús nos mostró lo mucho que él nos ama dándonos el hermoso regalo de sí mismo en la sagrada comunión. Cuando celebramos la misa, damos gracias a Dios de que Jesús está realmente con nosotros. Jesús prometió a sus discípulos que él nunca los dejaría. Jesús dijo: "Yo estoy con ustedes todos los días, hasta que termine el mundo". (Basado en Mateo 28:20).

La Ultima Cena de Phillipe de Champaigne, circa 1648

Our Catholic Faith

The Eucharist

Jesus Christ is with us today in a special way in the Eucharist. We celebrate the Eucharist at Mass, our greatest prayer of praise and thanks to God. The Mass is both a meal and a sacrifice. Together as a parish family, we gather as a worshiping assembly for the celebration of Mass.

At Mass we remember all that Jesus did to save us. At the Last Supper, on the night before he died, Jesus celebrated the feast of Passover with his friends.

During the meal, Jesus took bread and gave thanks to God. He gave the bread to his friends and said, "Take this all of you, and eat it: this is my body, which will be given up for you."

Then he took a cup of wine and gave thanks to God. He gave the cup to his disciples and said, "Take this, all of you, and drink from it; this is the cup of my blood, the blood of the new and everlasting covenant."

The bread and wine were now the Body and Blood of Jesus, even though they still looked and tasted like bread and wine. Jesus told his friends, "Do this in memory of me."

Jesus showed us how much he loved us by giving us this wonderful gift of himself in Holy Communion. When we celebrate the Mass, we thank God that Jesus is really with us. Jesus promised his disciples that he would never leave them. Jesus said, "I am with you always, until the end of the age" (Matthew 28:20).

Celebramos la Eucaristía

En la Liturgia de la Palabra nos reunimos como asamblea de fe. Leemos de la Biblia para escuchar lo que la palabra de Dios nos dice hoy. Rezamos un salmo y proclamamos nuestra fe. Pedimos a Dios que nos ayude.

En la Liturgia de la Eucaristía, damos gracias a Dios Padre y ofrecemos nuestros regalos de pan y vino. Por el poder del Espíritu Santo y las palabras y acciones del sacerdote, nuestros regalos se convierten en el Cuerpo y la Sangre de Cristo.

El sacerdote parte la Hostia consagrada. Esto nos recuerda que todos recibimos el Pan de Vida en la sagrada comunión. Sabemos que estamos unidos unos a otros en Jesús cuando compartimos su Cuerpo y Sangre en la sagrada comunión. Jesús está con nosotros. Le decimos lo que tenemos en nuestros corazones.

Aprendan y recen el "Santo, santo, santo", que rezamos en la misa.

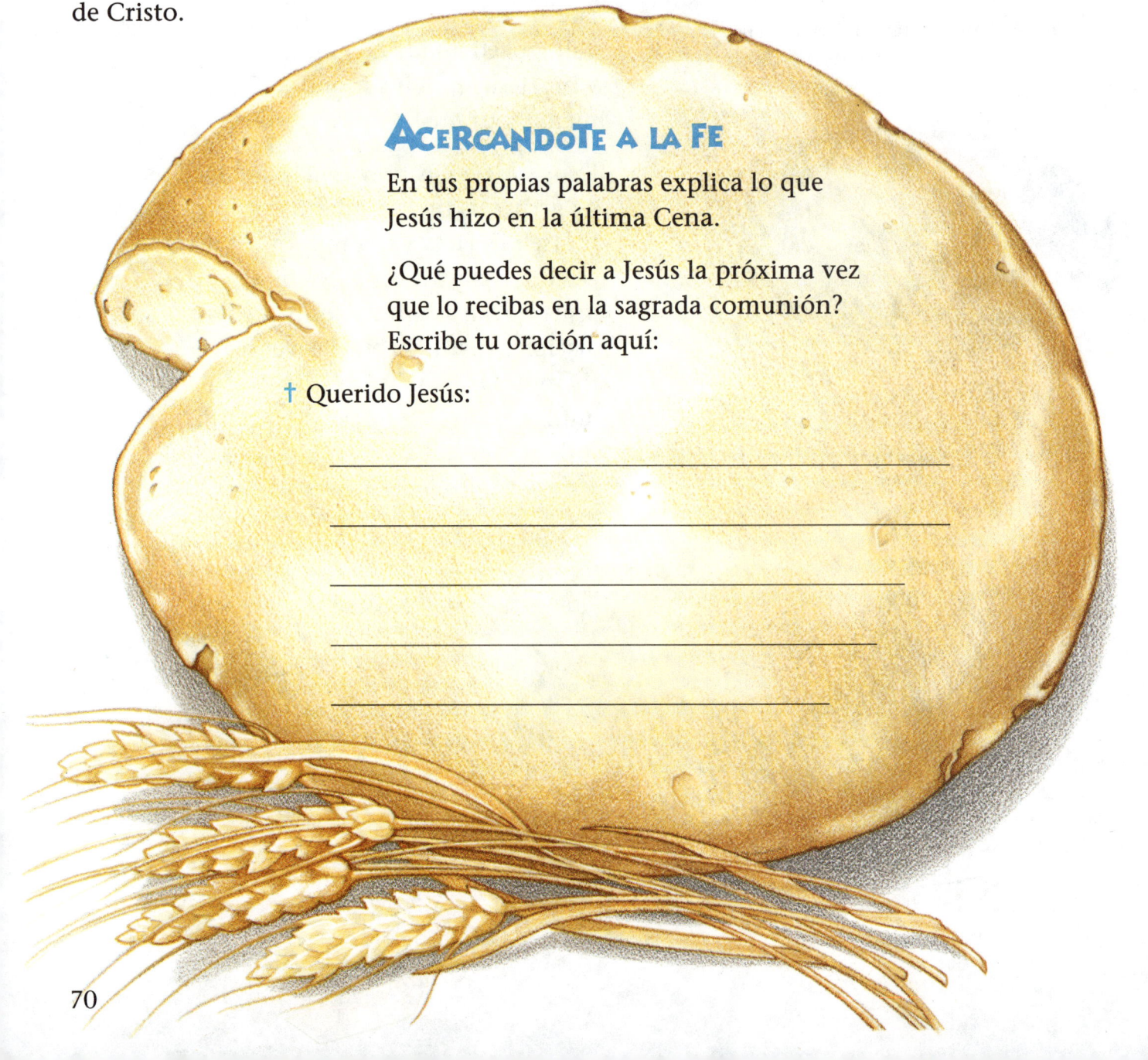

Acercándote a la Fe

En tus propias palabras explica lo que Jesús hizo en la última Cena.

¿Qué puedes decir a Jesús la próxima vez que lo recibas en la sagrada comunión? Escribe tu oración aquí:

† Querido Jesús:

_____

_____

_____

_____

_____

We Celebrate the Eucharist

In the Liturgy of the Word, we come together as an assembly of faith. We listen to the Bible readings to hear what God is saying to us today. We pray a psalm and proclaim our faith. We ask God to help us.

In the Liturgy of the Eucharist, we give thanks to God the Father and offer him gifts of bread and wine. Through the power of the Holy Spirit and the words and actions of the priest, our gifts become the Body and Blood of Christ.

The priest breaks the consecrated Host. This reminds us that we all receive the one Bread of Life in Holy Communion. We know that we are united with one another in Jesus Christ when we share his Body and Blood in Holy Communion. Jesus is with us. We tell him what is in our hearts.

Learn and pray together the "Holy, holy, holy" that we pray at Mass.

Coming to Faith

Tell in your words what Jesus did at the Last Supper.

What can you say to Jesus the next time you receive him in Holy Communion?
Write your prayer below.

† Dear Jesus,

_____

_____

_____

_____

Viviendo la Fe

Preparando una misa
Dividir el grupo en pequeños grupos. Revisar las partes de la misa. Escribir el plan para la misa.

Tema: Pide a tu catequista que te ayude a encontrar las lecturas en el Leccionario de la Misa. Lee el tema y decide con tu grupo el tema de esta misa.

Ritos introductorios
Canción: Elige una

_____

Liturgia de la Palabra
Lecturas: Elige a los que van a leer las dos lecturas de la Biblia y el salmo.

Antiguo Testamento:

   Libro, capítulo, versículo

   _____

   Lector: _____

Salmo y lectura del Nuevo Testamento:

   Respuesta al salmo

   _____

   Libro, capítulo, versículo

   _____

   Lector: _____

Oración de los fieles: Escribe varias peticiones para usar en la misa.

_____

_____

Liturgia de la Eucaristía
Presentación de las ofrendas: Decide quienes llevarán las ofrendas de pan y vino al altar.

   Pan _____

   Vino _____

   Agua _____

Rito de conclusión
Canción: Escoge una canción de acción de gracias.

_____

Practicing Faith

Preparing a Mass
Divide into small groups. Review the parts of the Mass. Write down the plan for your group Mass.

Theme: Ask your catechist to help you find the readings in the Lectionary for the Mass. Read them and decide together the theme of this Mass.

Introductory Rites
Hymn: Choose an opening hymn.

_____

Liturgy of the Word
Readings: Choose people to read the two readings from the Bible and the psalm response.

Old Testament reading:

Book, Chapter, Verses

_____

Reader: _____

Psalm and New Testament reading:

Psalm Response

_____

Book, Chapter, Verses

_____

Reader: _____

Prayer of the Faithful: Write several petitions to use at Mass.

_____

_____

Liturgy of the Eucharist
Presentation of Gifts: Decide who will bring up the plate or ciborium, which contains the altar breads, and the wine and water.

Bread _____

Wine _____

Water _____

Concluding Rite
Hymn: Choose a hymn of thanksgiving.

_____

73

REPASO

Contesta las siguientes preguntas.

1. ¿Qué es la misa?

   _____

   _____

2. ¿Qué es la sagrada comunión?

   _____

3. ¿Qué hacemos durante la Liturgia de la Palabra?

   _____

   _____

4. ¿En que parte de la misa ofrecemos nuestros regalos de pan y vino a Dios?

   _____

5. ¿Hace la Eucaristía alguna diferencia en tu vida? Explica.

   _____

   _____

FE VIVA

EN EL HOGAR Y EN LA PARROQUIA

En este capítulo se les recordó a los niños el significado de la Eucaristía y su importancia en la vida de los católicos. La Eucaristía es el misterio central de nuestra fe desde los primeros días de la Iglesia. Leemos en los Hechos de los Apóstoles que los primeros cristianos "Acudían asiduamente a la enseñanza de los apóstoles, a la convivencia, a la fracción del pan y a las oraciones" (Hechos 2:42). También mantenían todas las pertenencias en común y proveían para todos los miembros de la comunidad de acuerdo a sus necesidades. Por eso la Eucaristía era la fuente y cúspide de sus vidas. Compartir la Eucaristía era una extensión de la vida y el servicio en común que compartían. Lo mismo se da hoy en nuestra comunidad de fe.

Resumen de la fe

- Jesús está realmente presente en la Eucaristía.
- La Eucaristía es nuestra mayor oración de alabanza y acción de gracias a Dios.
- Compartimos el Cuerpo y la Sangre de Cristo en la sagrada comunión.

REVIEW · TEST

Answer the questions.

1. What is the Mass?

2. What is Holy Communion?

3. What do we do during the Liturgy of the Word?

4. At what part of the Mass do we offer gifts of bread and wine to God?

5. Does the Eucharist make a difference in your life? Explain.

FAITH ALIVE — AT HOME AND IN THE PARISH

In this chapter your fourth grader was reminded of the meaning of the Eucharist and its central importance in the lives of Catholics. The Eucharist has been a central mystery of our faith from the earliest days of the Church. We read in the Acts of the Apostles that the early Christians "devoted themselves to the teaching of the apostles and to the communal life, to the breaking of the bread and to the prayers" (Acts 2:42). They also held all goods and property in common and provided for each member according to need. For them, the Eucharist was the source and summit of their lives.

Sharing in the Eucharist was an extension of a life shared in mutual concern and service. The same is true of our faith community today.

Faith Summary

- Jesus is really present in the Eucharist.
- The Eucharist is our greatest prayer of praise and thanksgiving to God.
- We share the Body and Blood of Christ in Holy Communion.

8 Viviendo como pueblo de Dios

Oh Dios, tu ley es buena. Nos da fuerza y nos guía.

Nuestra vida

La abuela llevaba a los mellizos al juego de pelota. "Por favor, amárrense los cinturones, es la ley", dijo la abuela.

"Es una ley tonta", dijo Beto.

"No me gusta estar amarrada, me gusta moverme de un lado a otro", añadió Marcia.

Los mellizos no estaban contentos, pero no querían llegar tarde al juego. Así que hicieron lo que la abuela les pedía y obedecieron la ley. Sólo habían pasado unas cuantas cuadras cuando el carro fue chocado por otro que había pasado una luz roja. El policía les dijo que habían tenido suerte no tener mayores daños. "Los cinturones de seguridad les salvaron la vida", dijo.

¿Cuáles reglas cumples todos los días? Haz una lista.

¿Cómo te ayuda cada una?

Compartiendo la vida

¿Tiene Dios reglas y leyes que tenemos que cumplir? ¿Cuáles son?

¿Por qué Dios nos da leyes para nuestras vidas?

Imagina lo que pasaría en nuestras vidas si no tuviéramos buenas leyes. Habla de ello.

8 Living as God's People

O God, your law is good. It gives us strength and guidance.

Our Life

Grandmother was going to drive the twins to the community's baseball game. "Please put your seat belts on," the twins' grandmother said. "It is the law when people ride in a car."

"That's a silly law," Brian said.

"I don't want to be strapped in. I like to move around," Marcia added.

The twins were not happy, but they did not want to be late for the game. So they did what their grandmother wanted and obeyed the law. They had only driven a few blocks when their car was hit by another car that had run a red light. The police officer said they were lucky not to be seriously injured. "Your seat belts saved your lives," he said.

What are some laws that you follow each day? Make a list together. How does each law help you?

Sharing Life

Does God have rules and laws for us to follow? What are they?

Why does God give us laws to live by?

Imagine what would happen in our lives without good laws. Tell about it.

77

Nuestra Fe Catolica

Los Diez Mandamientos

En la Biblia leemos como Dios salvó al pueblo de Israel de la esclavitud y lo hizo su pueblo. Los israelitas pasaron muchos años como esclavos de Egipto. Pero Dios quería que fueran libres.

Dios escogió a Moisés para sacar a los israelitas de Egipto. Una vez libres, ellos llegaron a un lugar llamado Monte Sinaí. Moisés subió a la montaña donde Dios hizo una alianza, o acuerdo, con el pueblo. Dios pidió a Moisés decir al pueblo: "Si ustedes me escuchan atentamente y respetan mi alianza, los tendré por mi pueblo entre todos los pueblos".
Basado en Exodo 12:31—19:5

Luego dio a Moisés unos mandamientos especiales, o leyes, que ayudarían al pueblo a mantener la alianza con Dios y a vivir en paz unos con otros. Llamamos a estas leyes los Diez Mandamientos. El vivir los mandamientos ayudaría a los israelitas a mantenerse libres como pueblo de Dios.

Los Diez Mandamientos son las leyes de Dios para nosotros hoy. Ellos nos ayudan a vivir con verdadera libertad como pueblo de Dios. Cuando seguimos los Diez Mandamientos, mostramos que pertenecemos a Dios y que ponemos a Dios primero en nuestras vidas.

Dios hizo un convenio especial con nosotros en nuestro Bautismo. Como cristianos, también somos pueblo de Dios. Dios promete estar con nosotros siempre para amarnos y ayudarnos. Prometemos obedecer los Diez Mandamientos. Prometemos vivir como discípulos de Jesús viviendo la Ley del Amor.

Our Catholic Faith

The Ten Commandments

In the Bible we read how God rescued the Israelites from slavery and made them God's own people. The Israelites had spent many years as slaves in Egypt. But God wanted them to be free.

God chose Moses to lead the Israelites out of Egypt to freedom. Once free, they came to a place called Mount Sinai. Then Moses went up the mountain, where God made a covenant, or agreement, with the people. God told Moses to tell the people, "If you hearken to my voice and keep my covenant, you shall be my special possession, dearer to me than all other people."

Based on Exodus 12:31—19:5

Then God gave Moses special commandments, or laws, that would help the people keep their covenant with God and live in peace with one another. We call them the Ten Commandments. Living the Ten Commandments would help the Israelites to remain free as God's own people.

The Ten Commandments are God's law for us today. They help us to live with true freedom as God's people. When we follow the Ten Commandments, we show that we belong to God and that we put him first in our lives.

God makes a special covenant with us at our Baptism. As Christians, we, too, are God's own people. God promises to be with us always to love and help us. We promise to obey the Ten Commandments. We promise to live as disciples of Jesus by living the Law of Love.

> **VOCABULARIO**
>
> Los **Diez Mandamientos** son leyes dadas por Dios a nosotros para ayudarnos a vivir como pueblo de Dios.

Decimos sí a la alianza de Dios viviendo responsablemente. Cumplir la voluntad de Dios es nuestra mejor forma de vivir en verdadera libertad.

Los Diez Mandamientos son leyes para vivir con la libertad, que Dios quiere que tengamos. Ellos nos ayudan a vivir la Ley del Amor como Jesús nos enseñó.

Los Diez MANDAMIENTOS

1. Amarás a Dios sobre todas las cosas.
2. No tomarás el nombre de Dios en vano.
3. Santificarás las fiestas.
4. Honrarás a tu padre y a tu madre.
5. No matarás.
6. No cometerás actos impuros.
7. No robarás.
8. No darás falso testimonio ni mentirás.
9. No desearás la mujer de tu prójimo.
10. No codiciarás los bienes ajenos.
    Exodo 20:2–17

La Ley del Amor

Los tres primeros mandamientos nos ayudan a amar y a honrar a Dios. La Ley del Amor nos dice: "Ama al Señor, tu Dios, con todo tu Corazón, con toda tu fuerza y con todo tu espíritu".

Los siete mandamientos restantes nos ayudan a amar a los demás y a nosotros mismos.

La Ley del Amor también nos dice: "Ama a tu prójimo como a ti mismo".
Basado en Lucas 10:27

FAITH WORD

The **Ten Commandments** are laws given to us by God to help us live as his people.

We say yes to God's covenant by living responsibly. Doing God's loving will is our best way to live in true freedom.

The Ten Commandments are laws for living with the freedom that God wants us to have. They help us to live the Law of Love, which Jesus taught.

The Ten Commandments

1. I, the Lord, am your God, who brought you out of . . . that place of slavery. You shall not have other gods besides me.
2. You shall not take the name of the Lord, your God, in vain.
3. Remember to keep holy the sabbath day.
4. Honor your father and your mother.
5. You shall not kill.
6. You shall not commit adultery.
7. You shall not steal.
8. You shall not bear false witness against your neighbor.
9. You shall not covet your neighbor's wife.
10. You shall not covet your neighbor's house . . . nor anything else that belongs to him.

Based on Exodus 20:2–17

The Law of Love

The first three commandments help us to love and honor God. The Law of Love tells us, "Love the Lord, your God, with all your heart, with all your being, with all your strength, and with all your mind."

The last seven commandments help us to love others and ourselves.

The Law of Love also tells us, "Love your neighbor as yourself."

Based on Luke 10:27

Acercándote a la Fe

Preparar un paquete de tarjetas con estas palabras claves. Dividir el grupo en dos equipos. Elegir dos capitanes. El capitán de cada equipo, turnándose, elige una tarjeta y pide a un miembro del equipo contrario decir cualquier cosa que sepa acerca de la palabra. El catequista será el juez para calificar la respuesta: 3 (muy bien) 2 (bien), o 1 (necesita mejorar).

Viviendo la Fe

Dios hizo una alianza con nosotros. Nosotros, de nuestra parte, tenemos una alianza con Dios de cumplir los mandamientos y vivir como pueblo de Dios.

Trabajen juntos dibujando su propia "alianza de grupo" con Dios este año. Elijan algo especial para hacer juntos y mostrar que son pueblo de Dios.

Tarjetas: Monte Sinaí, Moisés, Alianza, Verdadera libertad, Mandamientos, Ley del Amor

Planifiquen sus ideas. Compártanlas. Luego escriban la "alianza del grupo". Cuando terminen, pidan a alguien leerla en voz alta a todo el grupo. Juntos recen un Padre Nuestro.

Dios: Prometemos tratar de _____

82

COMING TO FAITH

Make a set of cards with these key words as shown. Divide into two teams. Choose captains. The captain of each team will, in turn, choose a card and ask a member of the opposite team to tell everything he or she knows about the word. Your catechist will be the judge and rate the response: 3 (fantastic), 2 (okay), or 1 (keep working).

PRACTICING FAITH

God has made a covenant with us. We, on our part, have made a covenant with God to keep the commandments and live as God's people.

Work together to draw up your own "group covenant" with God for this year. Choose something special to do together to show you are God's people.

Mount Sinai
Moses
Covenant
True Freedom
Commandments
Law of Love

Plan your ideas here. Share them. Then write down the "group covenant." When it is completed, have someone read it aloud to the group. Then pray together the Our Father.

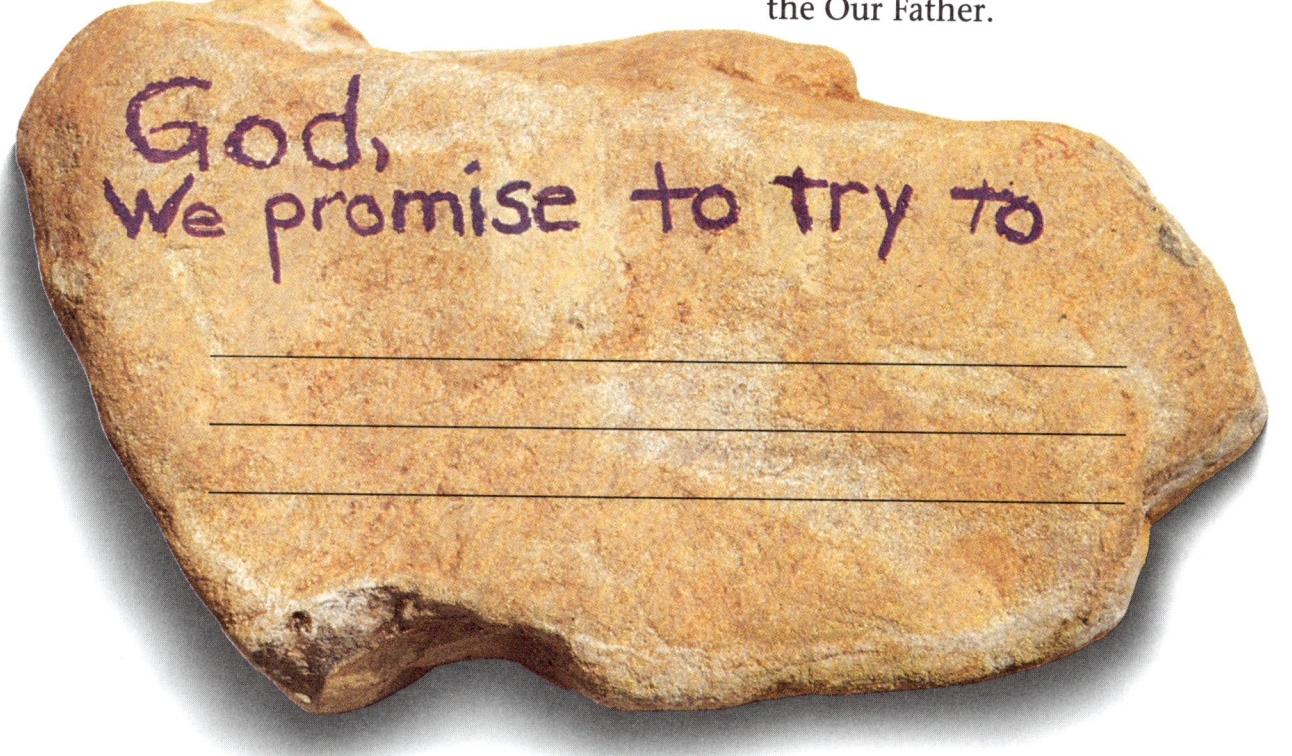

God, We promise to try to
_____
_____
_____

REPASO

Aparea.

1. Tercer mandamiento   _____ No matarás.

2. Quinto mandamiento   _____ No mentirás contra tu prójimo.

3. Octavo mandamiento   _____ Honrar padre y madre.

4. Cuarto mandamiento   _____ No robarás.

_____ Santificar las fiestas.

5. Escribe una forma en que vivirás el segundo mandamiento.

_____

_____

FE VIVA EN EL HOGAR Y EN LA PARROQUIA

En este capítulo los niños aprendieron que los Diez Mandamientos nos enseñan a hacer la voluntad de Dios. Antes de dar los Diez Mandamientos a los israelitas Dios les recordó quien los había liberado. Dios nos da los Diez Mandamientos para ayudarnos a vivir en verdadera libertad y crecer fuertes, sabios y felices en nuestras vidas como católicos.

Revise los Diez Mandamientos con la familia. Hable de las razones por las que Dios nos los dio. Discuta el hecho de que para algunas personas es más difícil cumplir los mandamientos que para otras. Después compartan formas en que pueden ayudarse a obedecer los mandamientos.

Resumen de la fe

- Dios dio a Moisés los Diez Mandamientos para su pueblo.
- Los Diez Mandamientos nos ayudan a vivir con verdadera libertad como pueblo de Dios.
- Los Diez Mandamientos nos ayudan a vivir la Ley del Amor, como Jesús nos enseñó.

REVIEW - TEST

Match.

1. Third commandment	_____ You shall not kill.

2. Fifth commandment	_____ You shall not tell lies against your neighbor.

3. Eighth commandment	_____ Honor your father and mother.

4. Fourth commandment	_____ You shall not steal.

_____ Remember to keep holy the sabbath day.

5. Write one way you will live the second commandment.

_____

_____

FAITH ALIVE AT HOME AND IN THE PARISH

In this chapter your fourth grader learned that the Ten Commandments teach us how to do God's loving will. Before God gave the Israelites the commandments, he reminded them about who it was that had set them free. God gives us the Ten Commandments to help us live in true freedom and to grow strong, wise, and happy in our lives as Catholics.

Go over the Ten Commandments with your family. Talk about the reasons why God gave them to us. Discuss the fact that for each person some commandments are harder to keep than others. Then share ways we can support one another in obeying all the commandments.

Faith Summary

- God gave Moses the Ten Commandments to give to the people.
- The Ten Commandments help us to live with true freedom as God's people.
- The Ten Commandments help us to live the Law of Love, which Jesus taught.

9 Viviendo en libertad

Jesús, ayúdanos a evitar la oscuridad del pecado. Dirígenos en la luz de tu ley.

Nuestra Vida

En nuestras vidas tenemos que tomar muchas decisiones. Algunas son tan simples que no necesitan mucha atención. Por ejemplo, no requiere mucho decidir usar tenis o zapatos para ir a la escuela.

Necesitamos pensar con cuidado otras decisiones. Porque algunas decisiones que tomamos puede que no sean buenas para nosotros. Por ejemplo, si alguien me ofrece un cigarrillo y decido fumarlo, esta decisión puede afectar mi salud.

Toma unos minutos para escribir en un pedazo de papel una decisión importante que tenga que tomar alguien de tu edad. Dobla el papel y colócalo en una caja.

Compartiendo la Vida

Uno a uno, tomen un papel de la caja. Lean la "selección" al grupo y compartan lo que piensan de la posible decisión a tomar.

¿En qué cosas piensan cuando toman buenas decisiones?

Compartan sus ideas.

9 Living as Free People

Jesus, help us to avoid the darkness of sin. Lead us in the light of your law.

Junk food/Healthy food?
Study/Cheat?
Chores/T.V.?

Our Life

Our lives are full of decisions and choices to be made. Some are so simple that they hardly need too much attention. For example, it does not require much decision making to choose to wear shoes or sneakers to school.

We need to think through other decisions more carefully. This is because some decisions we make may not be good for us. For example: If I am offered a cigarette and choose to smoke it, this decision will affect my health.

Take a few minutes to write on a small piece of paper an important choice someone your age might have to make. Fold your paper and put all the papers in a box.

Sharing Life

One by one, take a paper from the box. Read the "choice" to the group and share what you think the responsible decision should be.

What things do we think about when making a good decision?

Talk together and share your ideas.

Nuestra Fe Católica

Tomando decisiones

Dio nos dio libre albedrío esto quiere decir que podemos elegir entre el bien y el mal. Somos responsables de decir sí o no a Dios.

Dios nos creó libres para pensar, elegir y amar. Somos libres de ser fieles a Dios y vivir de acuerdo a la voluntad de Dios para nosotros. Pero la gente no siempre hace la voluntad de Dios.

Algunas decisiones son fáciles, otras son difíciles. Son difíciles porque a menudo es fácil hacer lo malo. Algunas veces, aun niños de nuestra edad, se burlan de nosotros porque hacemos lo correcto.

Pecando con lo que hacemos

Jesús vino a demostrarnos como escoger amar a Dios, a los demás y a nosotros mismos. Algunas veces escogemos alejarnos de Dios. Pecamos. Pecar es libremente escoger hacer lo que sabemos es malo. Cuando pecamos, desobedecemos la ley de Dios a propósito.

Algunas personas piensan que cuando hacen algo malo por equivocación pecan. Todos nos equivocamos. Por ejemplo, algunas veces decimos o hacemos cosas sin mala intención. Los errores no son pecados.

Las tentaciones tampoco son pecados. Podemos querer robar algo. Pero si no escogemos robar, no hemos caído en la tentación. No hemos pecado.

La Iglesia Católica nos enseña que podemos pecar de pensamientos, palabras y obras. Algunos pecados son tan serios que al cometerlos nos alejamos completamente del amor de Dios. Esos son los pecados mortales.

Un pecado es mortal cuando:

- el mal que hacemos es muy serio
- sabemos que es malo y prohibido por Dios
- libremente elegimos hacerlo.

Our Catholic Faith

Making Choices

God has given us a free will. This means we can choose between right and wrong. We are responsible for saying yes or no to God.

God created us free to think, to choose, and to love. We are free to be faithful to God and to live according to his loving will for us. But people do not always choose to do God's will.

Some choices are easy; others are difficult. They are difficult because it often seems easier to do the wrong thing. Sometimes others—even young people our own age—will make fun of us for doing the right thing.

Sinning by What We Do

Jesus came to show us how to choose to love God, others, and ourselves. But sometimes we choose to turn away from God. We sin. Sin is freely choosing to do what we know is wrong. When we sin, we disobey God's law on purpose.

Some people think that when they do the wrong thing by mistake, they have sinned. Everyone makes mistakes. For example, we often say or do something that we did not intend. Mistakes are not sins.

Temptations also are not sins. We may feel like stealing something. But if we choose not to steal, we have not given in to the temptation. We have not sinned.

The Catholic Church teaches us that we can sin in thought, word, or action. Some sins are so serious that by doing them we turn completely away from God's love. We call them mortal sins.

A sin is mortal when:

- what we do is very seriously wrong
- we know that it is very wrong and that God forbids it
- we freely choose to do it.

Algunos pecados son menos graves. Estos son llamados pecados veniales. No nos alejamos completamente del amor de Dios pero herimos a otros o a nosotros mismos. Libremente elegimos ser egoístas.

Todo pecado es una elección personal. Pero algunas veces un grupo puede pecar y herir a otros. Esto es llamado "pecado social". Cuando un grupo trata injustamente a otro grupo por su color, su edad, sexo o religión, es pecado social.

El pecado no es sólo entre Dios y la persona. El pecado nos hiere a todos. Cuando pecamos, no mostramos amor por Dios ni por la familia de Dios.

Pecando por dejar de hacer
Podemos pecar por dejar de hacer, así como por lo que escogemos hacer. Si alguien es herido de gravedad o alguien está muriendo de hambre y decidimos no ayudar, podemos pecar. El quedarse sin hacer nada, es elegir no amar como Dios manda.

Si queremos ser perdonados por nuestros pecados, debemos pedir perdón. Si hemos ofendido a alguien con nuestros pecados, debemos tratar de hacer las paces con esa persona. Debemos tratar de evitar toda forma de pecado en nuestras vidas y nuestra sociedad.

VOCABULARIO

Pecado es elegir libremente hacer lo que sabemos está mal. Cuando pecamos desobedecemos la ley de Dios a propósito.

Dios siempre nos perdonará, no importa lo que hagamos, si verdaderamente nos arrepentimos y tratamos de no pecar de nuevo. Pide al Espíritu Santo guía para que te de valor para tomar siempre la decisión correcta.

Some sins are less serious. We call them venial sins. We do not turn away completely from God's love but still hurt ourselves or others. We freely choose to be selfish.

All sins are personal choices. But sometimes whole groups of people can sin and hurt other people. We call this "social sin." When a group treats other people unjustly because of the color of their skin, or their age, or sex, or religion, it is a social sin.

Sin is never just between God and one person. Sin hurts us all. When we sin, we do not show love for God and his family.

Sinning by What We Do Not Do
We can also sin by what we do *not* do, as well as by what we choose to do. If someone is badly hurt or starving, and we choose not to give help, we may sin. By standing by and doing nothing, we are choosing not to love as God commanded.

If we want to be forgiven for any sin, we must be sorry for it. If we have hurt someone by our sin, we must try to make it up to that person. We must try to get rid of all forms of sin in our lives and in our society.

God will always forgive us, no matter what we do, if we are truly sorry and try not to sin again. Ask the Holy Spirit to guide you and give you the courage always to make right choices.

FAITH WORD

Sin is freely choosing to do what we know is wrong. When we sin, we disobey God's law on purpose.

Acercándote a la Fe

¿Están las personas en las siguientes situaciones decidiendo aceptar la voluntad de Dios? Di que le dirías.

Para pertenecer al grupo "in" de la escuela Natalia tiene que acompañar a los miembros del grupo a robar en una tienda.

Tus vecinos no le hablan a la familia que recientemente se mudó al vecindario. Ellos vienen de otro país. ¿Qué dirías a la nueva familia? ¿Qué dirías a los vecinos?

Viviendo la Fe

Reúnanse en un círculo de oración. Imaginen que Jesús está en el centro del círculo. En silencio respiren lentamente. Piensen las decisiones difíciles que tiene que tomar. Uno por uno alarguen sus brazos hacia el centro. Imaginen que sostienen sus decisiones. Cuando todos los brazos estén extendidos recen:

† Jesús, aquí están nuestras decisiones. Ayúdanos a tomar las decisiones que sean agradables a ti y nos ayuden. Sabemos que nunca nos dejará enfrentar solos las dificultades. Amén.

Coming to Faith

Are the people in the following situations making choices in keeping with God's will? Tell what you would say to them.

To belong to the "in" group at school Natalie has to join them in stealing from a store.

Your neighbors do not speak to the new family that has just moved in. They come from another country. What would you say to the new family? to your neighbors?

Practicing Faith

Gather in a prayer circle. Imagine that Jesus is in the center of the circle. Be as still as you can and breathe silently in and out. Think of a difficult choice you have to make or might have to make. One by one stretch your arms out to the center. Imagine your hands are holding your choice. When everyone's arms are stretched out, pray together:

† Jesus, here are our choices. Help us to make decisions that are pleasing to you and helpful to us. We know that you will never leave us to face our difficulties alone. Amen.

93

REPASO

Encierra en un círculo la letra al lado de la respuesta correcta.

1. Pecamos cuando

   a. libremente decidimos hacer lo malo.
   b. cometemos un error.
   c. somos tentados.

2. Dios perdona nuestros pecados si

   a. estamos en problemas por ellos.
   b. somos responsables de ellos.
   c. estamos arrepentidos de ellos.

3. Pecados graves son llamados

   a. veniales.
   b. faltas.
   c. mortales.

4. Podemos pecar

   a. amando a los demás.
   b. siendo responsables.
   c. escogiendo no amar.

5. Como católico, ¿qué debes hacer cuando tienes una decisión importante que tomar?

_____

FE VIVA

EN EL HOGAR Y EN LA PARROQUIA

En este capítulo los niños aprendieron que para vivir en verdadera libertad, debemos evitar el pecado. Como discípulos de Jesús y miembros de la Iglesia Católica, debemos tratar de vivir de acuerdo a la ley de Dios. Los niños aprendieron que todo pecado es una elección personal. Pecado grave es el que nos separa completamente del amor de Dios, es llamado pecado mortal. Pecado menos serio es llamado pecado venial. Algunas veces podemos pecar como grupo o como sociedad. Este pecado es llamado pecado social. Como adultos sabemos lo difícil que puede ser hacer la voluntad de Dios y siempre evitar el pecado. El Espíritu Santo nos ayuda a tomar buenas decisiones morales, y la Iglesia nos da la guía que necesitamos.

Resumen de la fe

- Podemos pecar de pensamientos, palabras y obras.
- Todo pecado grave es llamado pecado mortal; uno menos grave es llamado pecado venial.
- Un pecado es mortal cuando lo que hacemos es malo, sabemos que es malo y prohibido por Dios y libremente decidimos hacerlo.

REVIEW · TEST

Circle the letter beside the correct answer.

1. We sin when we

    a. freely choose to do wrong.　　**b.** make mistakes.　　**c.** are tempted.

2. God forgives our sins if we are

    a. in trouble because of them.　　**b.** responsible for them.　　**c.** sorry for them.

3. Serious sins are called

    a. faults.　　**b.** venial sins.　　**c.** mortal sins.

4. We can sin by

    a. loving one another.　　**b.** caring for others.　　**c.** choosing not to love.

5. As a Catholic, what should you do when you have an important decision to make?

    _____
    _____

FAITH ALIVE — AT HOME AND IN THE PARISH

In this chapter your fourth grader learned that to live in true freedom, we must avoid sin. As disciples of Jesus and members of the Catholic Church, we must try to live according to God's law. Your child has learned that all sin is a personal choice. Very serious sin—one which completely separates us from God—is called mortal sin. Less serious sin is called venial sin. Sometimes we may even sin as a group of people or as a society. This is called social sin. As adults we also know how difficult it can be to do God's loving will and always to avoid sin. The Holy Spirit helps us make good moral choices, and the Church gives us the guidance we need.

Frequent examination of conscience is an excellent way to become more aware of the temptations we face and the choices we make every day. Encourage your child to make this practice a part of nightly prayer.

Faith Summary

- We can sin in thought, word, or action.
- Very serious sins are called mortal sins; less serious sins are called venial sins.
- A sin is mortal when what we do is very seriously wrong; we know that it is very wrong and that God forbids it; we freely choose to do it.

10 Dios es lo primero en nuestras vidas
Primer mandamiento

Dios, te alabamos, te glorificamos. Eres lo primero en nuestras vidas.

Nuestra vida

En abril, el tiempo no se podía predecir cuando Martín y su amigo Esteban decidieron subir a las Rocosas. Ambos jóvenes tenían experiencia y subieron rápidamente por la ladera.

Estaban casi en la cima cuando empezó a nublarse y la temperatura bajó. Cuando Martín trataba de dar otro paso, su soga se partió y bajó diez pies por la ladera. Esteban le gritó que iría por ayuda. Martín herido se acurrucó en un filo mientras la nieve caía y un viento frío bajaba la temperatura de su cuerpo. "Creí que iba a morir, recé y traté de mantenerme despierto", dijo.

La mañana apareció clara y fría. "El sol salió como fuego. Aun antes de escuchar las palas de los hombres de rescate, me sentí maravillado y esperanzado. Sabía que estaba en las manos de Dios", recuerda Martín.

¿Cuándo has sentido que Dios está realmente contigo? Háblamos de ello.

Compartiendo la vida

¿Qué crees que significa poner a Dios primero en tu vida? ¿Cuáles son algunas razones para esto? Comparte tus pensamientos con el grupo.

10 God is First in Our Lives
The First Commandment

God, we praise you! We give you glory! We put you first in our lives.

Our Life

The April weather was still unpredictable when Marty and his friend Steve decided to climb in the Rocky Mountains. Both young men were experienced climbers and moved easily up the face of the cliff.

They were almost to the top when clouds rolled in and the temperature dropped steadily. As Marty was swinging to a new foothold, his rope suddenly snapped. He fell ten feet to a ledge. Steve yelled that he would go for help. The injured Marty curled up on the ledge as snow fell and a cold wind lowered his body temperature. "I thought I was going to die there," he said. "I prayed and tried to stay awake."

Then morning came clear and cold. "The sun came up like fire," Marty recalls. "Even before I heard the shouts of the rescuers, I felt full of wonder and hope. I knew I was in God's hands."

When have you felt that God was really with you? Tell about it.

Sharing Life

What do you think it means to put God first in your life? What are some reasons for doing this? Share your thoughts as a group.

97

Nuestra Fe Católica

El primer mandamiento

Los israelitas confiaron en Dios porque ellos sabían que eran el pueblo de Dios. Tenían una alianza con Dios y sabían lo mucho que Dios los amaba. Obedecer los mandamientos de Dios era la forma de mostrar que ellos mantenían su alianza con Dios.

El primer mandamiento de Dios es: Amarás a Dios sobre todas las cosas. (Exodo 20:2–3)

Este mandamiento era muy importante para los israelitas. Ellos habían sido esclavos de Egipto, pero Dios los rescató de la esclavitud y los libertó. Para mantener esa libertad como pueblo de Dios, los israelitas pusieron a Dios primero en sus vidas.

Cuando algo en nuestra vida se convierte en más importante que Dios, no somos libres. Nos hacemos esclavos.

Los israelitas pusieron a Dios primero en sus vidas en muchas formas. Ellos adoraban a Dios en el Templo de Jerusalén. Ellos estudiaban los mandamientos en sus sinagogas. Y lo que es más importante, ellos pusieron a Dios primero en sus vidas tratando de hacer la voluntad de Dios, viviendo con justicia, paz y amor.

Algunas veces los israelitas, como mucha gente hoy, encontraron que era difícil poner a Dios primero en sus vidas. Ellos descubrieron que era la única forma en que podrían vivir en verdadera libertad.

El primer mandamiento nos dice que debemos poner a Dios primero en nuestras vidas, aun cuando sea difícil.

He aquí una historia bíblica que nos muestra que aun Jesús fue tentado a desobedecer el primer mandamiento.

Jesús fue guiado por el Espíritu Santo al desierto. Estuvo ahí mucho tiempo. Al final de su estadía en el desierto sintió hambre.

Our Catholic Faith

The First Commandment

The Israelites trusted in God because they knew they were God's people. They had a covenant with God and knew how much he loved them. Obeying God's commandments was the way they showed they were keeping their covenant with God.

The first commandment that Moses gave them was "I, the LORD, am your God, who brought you out of . . . that place of slavery. You shall not have other gods besides me" (Exodus 20:2–3).

This commandment was very important to the Israelites. They had been slaves of the Egyptians, but God rescued them from slavery and set them free. To remain free as God's people, the Israelites had to put God first in their lives.

When something in our life becomes more important than God, we are not free. We become slaves to it.

The Israelites put God first in their lives in many ways. They worshiped God in the Temple of Jerusalem. They studied the commandments in their synagogues. What is most important, they put God first in their lives by trying to do his will—living with justice, peace, and love.

Sometimes the Israelites, like people today, found it hard to put God first in their lives. They discovered it was the only way they could live in true freedom.

The first commandment tells us to keep God first in our lives, even when that is difficult.

Here is a bible story showing that even Jesus was tempted not to obey the first commandment.

Jesus was led by the Holy Spirit into the desert. Jesus stayed there a long time. At the end of his stay in the desert, he was very hungry.

VOCABULARIO

Alianza es un acuerdo especial hecho entre Dios y su pueblo.

Fue entonces que Jesús fue tentado por el demonio. El demonio dijo a Jesús: "Si eres Hijo de Dios, manda a esta piedra que se convierta en pan".

Jesús le contestó: "Dice la Escritura: El hombre no vive solamente de pan".

Luego el demonio mostró a Jesús todos los reinos del mundo y le dijo: "Te daré poder sobre estos pueblos y te entregaré sus riquezas . . . si te arrodillas delante de mí".

Jesús le contestó: "La Escritura dice: Adorarás al Señor, tu Dios, y a El solo servirás".

Luego el demonio tomó a Jesús y lo puso en el lugar más alto del Templo de Jerusalén y le dijo: "Si tú eres Hijo de Dios, tírate de aquí. . . ."

Jesús le contestó: "Dice la Escritura: No tentarás al Señor tu Dios".
Basado en Lucas 4:1–12

Jesús no cayó en ninguna de las tentaciones del demonio. Jesús siempre puso a Dios primero en su vida. El nos ayuda a hacer lo mismo.

Poniendo a Dios primero

Hoy alguna gente es tentada a hacer "dioses falsos" de la comida, la ropa, la fama, las posesiones y otras personas. Podemos ser tentados a pensar que algunas cosas son más importantes que Dios.

Vivir el primer mandamiento significa que ponemos toda nuestra fe en Dios y elegimos poner a Dios primero en nuestras vidas. Cuando Dios es lo más importante en nuestras vidas vivimos en libertad y trabajamos para el reino de justicia y paz de Dios para todos.

FAITH WORD

A **covenant** is a special agreement made between God and people.

Then the devil showed Jesus all the kingdoms of the world. The devil told him "I shall give to you all this power and their glory; . . . if you worship me."

Jesus answered, "It is written: 'You shall worship the Lord, your God, and him alone shall you serve.'"

Then the devil took Jesus to Jerusalem and stood him on the highest point of the Temple. He said to Jesus, "If you are the Son of God, throw yourself down from here. . . ."

Jesus answered, "It also says, 'You shall not put the Lord, your God, to the test.'"
Based on Luke 4:1–12

Jesus did not give in to any of the devil's temptations. Jesus always put God first in his life. He helps us to do the same.

Putting God First

Today some people are tempted to make "false gods" out of food, clothes, being famous, possessions—even other people. We may be tempted to think that something is more important than God.

Living by the first commandment means that we put all our faith in God and choose to keep him first in our lives. When God is most important in our lives, we live in freedom and work to bring about his kingdom, or reign, of justice and peace for all.

It was then that Jesus was tempted by the devil. The devil said to him, "If you are the Son of God, command this stone to become bread."

Jesus answered him, "It is written, 'One does not live by bread alone.'"

Acercándote a la Fe

Termina estas historias y muestra como cada persona puede elegir vivir el primer mandamiento.

Angela distribuye periódicos a muchas familias y gana su propio dinero. Este trabajo le toma todo su tiempo libre después de la escuela. No tiene tiempo para hacer sus tareas o jugar con sus compañeros. Su familia quiere que ella acorte su ruta. Angela no quiere. A ella le gusta el dinero, ella gana mucho.

Matías no sabe perder. El quiere ganar siempre. Si alguien más gana, él se enoja. Cuando se le pregunta lo que quiere ser cuando sea mayor contesta que quiere ser su propio jefe. "Lo más importante es velar por el número uno, yo", dice.

Imagina que se te pide hablar a los niños de tercer curso. ¿Qué le sugerirías acerca de poner a Dios primero?

Viviendo la Fe

Piensa en algunas ideas para un cartel que muestre como tratarás de vivir el primer mandamiento esta semana. Luego comparte tus ideas y en grupo hagan un gran cartel titulado "Dios es el primero". Si quieren pueden exhibirlo en la parroquia.

Terminen compartiendo una oración de petición. Cada uno rece:

† Dios de amor, ayúdanos a ponerte primero en nuestras vidas.

_____
_____
_____

Coming to Faith

Create an ending to these stories to show how each person chooses to live the first commandment.

Angie has a very large paper route and earns her own money. The paper route takes all her free time after school. She has no time to do her homework or to play with her friends. Her family wants her to give up some of her paper route. Angie does not want to do this. She likes the money she makes too much.

Matt is a poor loser. He always wants to be the winner. If someone else wins, he gets very angry. When asked what he wants to be when he grows up, Matt says he wants to be his own boss. "The most important thing," he says, "is looking out for number one—me."

Imagine that you have been asked to give a talk to the third grade. What suggestions would you give them about putting God first in their lives?

Practicing Faith

Plan your ideas for a poster to show how you will try to live the first commandment this week. Then share these ideas and create a group poster titled "God Comes First." You might want to display it in your parish church.

Close by sharing a prayer of petition. Each one prays:

✝ Dear God, help us to put you first in our lives by

_____

_____

_____

103

REPASO

Encierra en un círculo la letra al lado de la respuesta correcta.

1. El primer mandamiento nos dice que debemos

   a. poner a Dios primero en nuestras vidas.

   b. honrar a nuestros padres.

   c. decir la verdad.

2. Las cosas que ponemos por encima de Dios son

   a. mandamientos.

   b. falsos dioses.

   c. alianzas.

3. Dios dio los Diez Mandamientos a

   a. Jesús.

   b. José.

   c. Moisés.

4. En el desierto el demonio tentó a Jesús a

   a. convertir la piedra en pan.

   b. calmar una tormenta.

   c. resucitar de la muerte.

5. ¿Cómo pondrás a Dios primero en tu vida?

   _____

   _____

FE VIVA

EN EL HOGAR Y EN LA PARROQUIA

En esta lección los niños aprendieron que el primer mandamiento nos dice que debemos poner a Dios primero en nuestras vidas. Poner a Dios primero en nuestras vidas es siempre un reto. Muchos padres tienen que tener dos trabajos, cuidar de padres ancianos o cuidar de enfermos en la familia; es fácil perder el punto central en la vida. Las raíces más antiguas de nuestra fe nos dicen que no es sólo una ley sino que es también sabio poner a Dios primero. Esto nos ayuda a mantener las cosas en perspectiva.

Resumen de la fe

- El primer mandamiento es: Amarás a Dios sobre todas las cosas.
- Jesús nos enseñó a poner a Dios primero en nuestras vidas.
- Cuando vivimos el primer mandamiento vivimos en verdadera libertad.

REVIEW • TEST

Circle the letter beside the correct answer.

1. The first commandment tells us to
   a. keep God first in our lives.
   b. honor our parents.
   c. tell the truth.

2. Those things we make more important than God are
   a. commandments.
   b. false gods.
   c. covenants.

3. God gave the commandments to
   a. Jesus.
   b. Joseph.
   c. Moses.

4. In the desert the devil tempted Jesus to
   a. turn stones into bread.
   b. calm a storm.
   c. rise from the dead.

5. How will you put God first in your life?

   _____

   _____

FAITH ALIVE

AT HOME AND IN THE PARISH

In this lesson your fourth grader learned that the first commandment tells us to put God first in our lives. Putting God first in one's life is always a challenge. With many parents holding down two jobs, caring for an aging parent, or facing serious family illness, it is easy to lose focus in life. Yet the most ancient roots of our faith tell us that it is not only a law but very wise to put God first. This helps us to keep things in perspective.

Faith Summary

- The first commandment is "I, the Lord, am your God, who brought you out of . . . slavery. You shall not have other gods besides me."

- Jesus taught us to put God first in our lives.

- When we live the first commandment, we live in true freedom.

11 El nombre de Dios es santo
El segundo mandamiento

Cordero de Dios, tú que quitas el pecado del mundo. Danos la paz.

Nuestra vida

Un niño llamado Raúl sufrió un serio accidente. Fue llevado al hospital en coma. Los doctores estaban preocupados porque no mostraba ninguna señal de salir de ese estado. Los familiares se turnaban para estar con Raúl y le hablaban en voz baja.

Un día después de visitar la capilla del hospital el padre de Raúl pasó a ver a su hijo. Se paró al pie de la cama y lo llamó con voz fuerte: "Raúl" en ese instante los ojos de Raúl se abrieron lentamente y sonrió a su padre.

¿Qué aprendiste de esta historia?

¿Qué significa el nombre de una persona?

¿Qué haces para mostrar respeto por el nombre de una persona?

Compartiendo la vida

Hablen de los diferentes nombres que tienen para Dios.

¿Cuáles son algunas cosas en las que piensas cuando escuchas el nombre de Dios, por ejemplo amor?

¿Por qué crees que debemos mostrar respeto por el nombre de Dios?

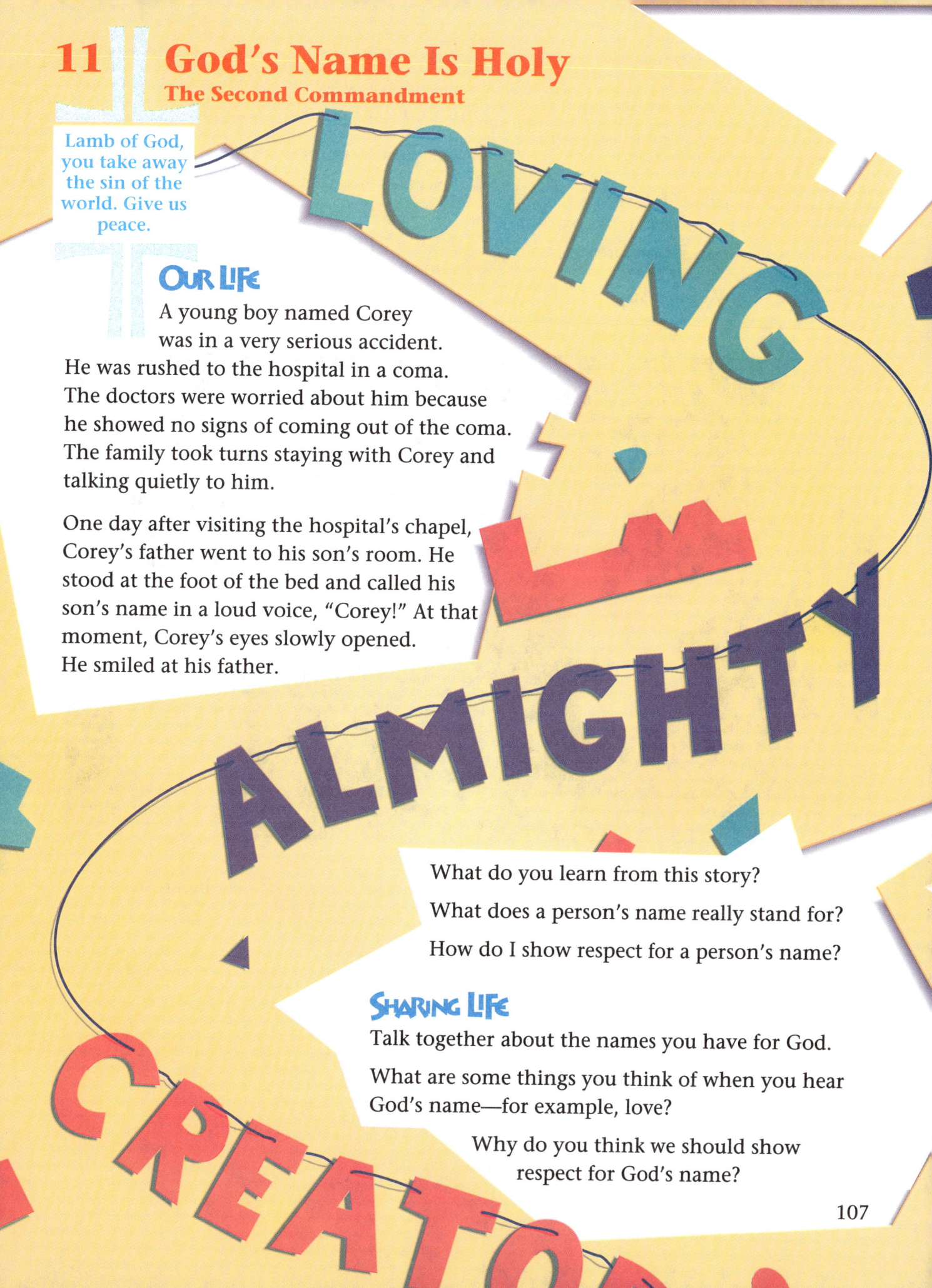

11 God's Name Is Holy
The Second Commandment

Lamb of God, you take away the sin of the world. Give us peace.

Our Life

A young boy named Corey was in a very serious accident. He was rushed to the hospital in a coma. The doctors were worried about him because he showed no signs of coming out of the coma. The family took turns staying with Corey and talking quietly to him.

One day after visiting the hospital's chapel, Corey's father went to his son's room. He stood at the foot of the bed and called his son's name in a loud voice, "Corey!" At that moment, Corey's eyes slowly opened. He smiled at his father.

What do you learn from this story?

What does a person's name really stand for?

How do I show respect for a person's name?

Sharing Life

Talk together about the names you have for God.

What are some things you think of when you hear God's name—for example, love?

Why do you think we should show respect for God's name?

107

NUESTRA FE CATOLICA

El segundo mandamiento

El pueblo de Israel creía que respetar el nombre de una persona era una forma de mostrar respeto por esa persona. Ellos mostraban especial respeto por el nombre de Dios.

Dios dijo: "Yo soy el que soy".
Basado en Exodo 3:14-15

Las palabras "yo soy el que soy" forman la palabra hebrea *Yavé*. Yavé era el nombre que los israelitas daban a Dios.

El segundo mandamiento de Dios es: "No tomes en vano el nombre de Yavé" (Exodo 20:7). El pueblo de Israel tenía tanto respeto por el nombre de Dios que ellos no decían el nombre de Dios en voz alta.

Jesús enseñó a sus discípulos a rezar a Dios diciendo: "Padre nuestro, que estás en el cielo, santificado sea tu nombre". La palabra *santificado* significa santo y merecedor de alabanza. Jesús estaba diciendo a sus discípulos que el nombre de Dios era verdaderamente santo. Debemos usar el nombre de Dios con gran respeto y alabarlo.

Jesús también respetó los lugares santos donde se alababa a Dios. Una vez Jesús fue al Templo de Jerusalén a rezar. Algunas personas estaban usando el Templo como un mercado.

Jesús los hizo salir del Templo. El les dijo: "Dios dice en la Escritura, 'Mi casa será llamada Casa de Oración'. Pero ustedes la han convertido en cueva de ladrones".
Basado en Mateo 21:12–13

Our Catholic Faith

The Second Commandment

The people of Israel believed that respecting a person's name was a way of showing respect for that person. They showed special respect for God's name.

God had said, "I am who am. . . ."
  "This is my name forever."
Based on Exodus 3:14–15

The words "I am who am" make up the Hebrew word *Yahweh*. Yahweh was the name that the Israelites called God.

The second commandment of God is "You shall not take the name of the LORD, your God, in vain" (Exodus 20:7). The people of Israel had such great respect for God's name that they did not speak his name out loud.

Jesus taught his disciples to pray to God, saying, "Our Father, who art in heaven, hallowed be thy name." The word *hallowed* means holy and worthy of praise. Jesus was telling the disciples that God's name is truly holy. We must use God's name with great respect and praise him.

Jesus also respected holy places that honored God. One time, Jesus went to the Temple in Jerusalem to pray. Some people were using the Temple as a place to buy and sell things.

Jesus chased them out of the Temple. He said, "It is written:
  'My house shall be
    a house of prayer,'
  but you are making it
    a den of thieves."
Based on Matthew 21:12–13

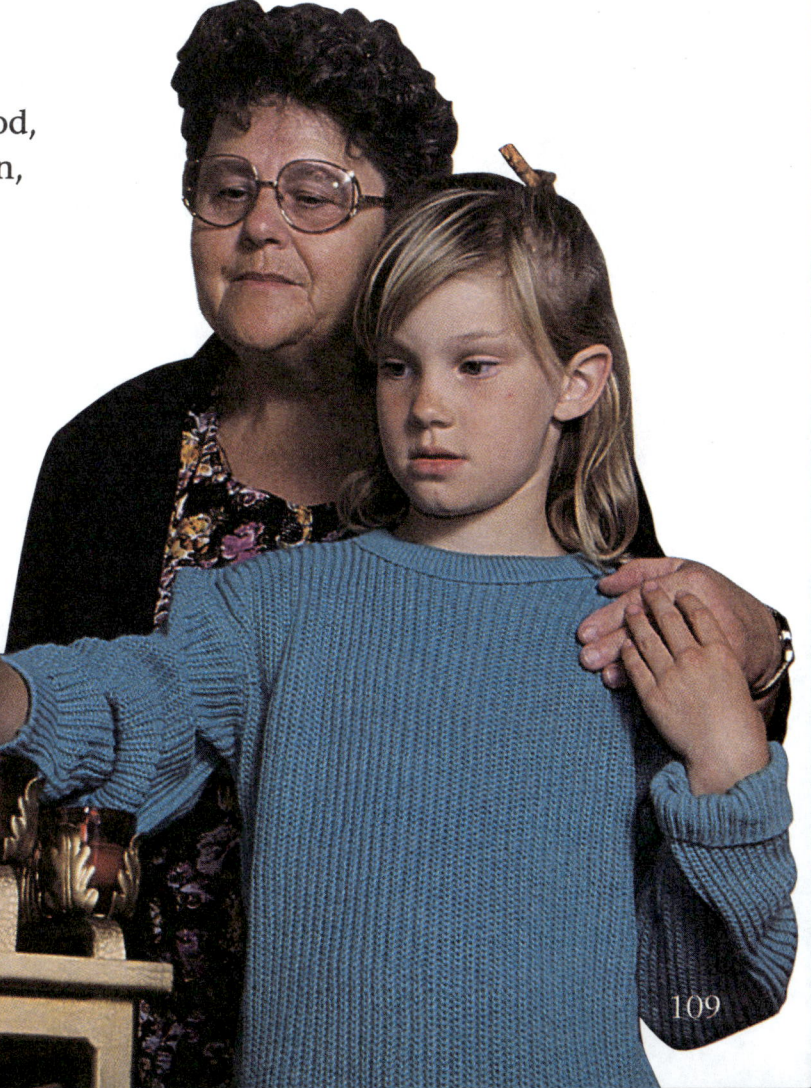

109

Manteniendo santo el nombre de Dios

El segundo mandamiento nos recuerda que el nombre de Dios es santo. El nombre de Dios y todos los lugares donde se honra a Dios deben ser siempre tratados con honor y respeto. Cuando hacemos esto cumplimos el segundo mandamiento.

Debemos también mostrar respeto por el santo nombre de Jesús. San Pablo nos dice: "Dios dio a Jesús el nombre que es grande entre los nombres. Todo el mundo honrará el nombre de Jesús y dirá Jesucristo es el Señor".
Basado en Filipenses 2:9–11

VOCABULARIO

Respetar significa honrar a alguien o algo.

Algunas personas usan el nombre de Dios o el nombre de Jesús cuando están enojados. Usan el nombre de Dios para maldecir, o desear cosas malas para otros. Usar el nombre de Dios o el nombre de Jesús en vano es malo y es pecado.

Algunas veces se nos pide jurar en el nombre de Dios que algo es verdad. Jurar es poner a Dios como nuestro testigo.

Los testigos en las cortes juran, son llamados en nombre de Dios, a ser testigos de que lo que van a decir es verdad. Se jura sólo en serias ocasiones. Es un pecado serio jurar en nombre de Dios y luego mentir.

Siempre debemos usar el santo nombre de Dios y el santo nombre de Jesús con amor y gran respeto.

No mostramos respeto al nombre de Dios y al nombre de Jesús cuando los usamos en vano. Usamos el nombre de Dios en vano cuando lo usamos para expresar disgusto o exhibición.

Keeping God's Name Holy

The second commandment reminds us that God's name is holy. God's name and all places that honor God must always be treated with honor and respect. When we do this, we live the second commandment.

We must also show respect for the holy name of Jesus. Saint Paul tells us that God gave Jesus the name that is greater than any other name. And so, everyone must honor the name of Jesus and say that "Jesus Christ is Lord."
Based on Philippians 2:9–11

Sometimes people use God's name or Jesus' name when they are angry. They use God's name to curse, or wish bad things, on someone. To use God's name or Jesus' name in vain is wrong and is a sin.

FAITH WORD

To **respect** means to show honor to someone or something.

Sometimes we are asked to swear on God's name that something is true. Swearing is calling on God to be our witness.

Witnesses in court swear, or call on God, to witness that they are telling the truth. Swearing is only for serious occasions such as this. It is a very serious sin to swear on God's name and then to tell lies.

We must always use God's holy name and the holy name of Jesus Christ with love and great respect.

We are disrespectful to God's name and Jesus' name when we use them in vain. We take God's name in vain when we use it for no reason other than to express our anger or to "show off."

Cristo

Padre

ACERCÁNDOTE A LA FE

¿Cómo debemos vivir el segundo mandamiento? Expresa lo que puedes decir de Leonardo y Rosa.

Leonardo dice que todos sus amigos juran y dicen malas palabras usando el nombre de Dios. Leonardo dice que él no quiere ser diferente a los demás así que él también lo hace.

Rosa es tu mejor amiga. La aprecias de verdad. Pero Rosa con frecuencia usa el nombre de Jesús de forma irrespetuosa. Ella dice que lo hace porque es gracioso.

VIVIENDO LA FE

Tenemos muchos nombres para describir a Dios. Cada uno es una palabra de alabanza por la bondad y grandeza de Dios. Piensa en el nombre que prefieres para Dios. Escríbelo en esta línea.

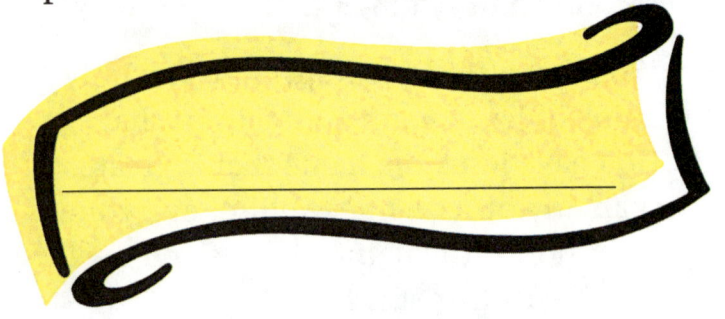

Reúnete con tus amigos en un círculo. Túrnense para compartir sus nombres favoritos para Dios. Di por qué es tu nombre favorito. Luego recen:

† Oh Dios, amamos tu nombre. (cada uno, por turno, en voz alta y despacio diga el nombre que escogió para Dios). Honraremos tu nombre siempre. Amén.

Canten juntos una canción apropiada.

Espíritu

Santo

Salvador

112

Christ

Father

Practicing Faith

We have many names that describe God. Each one is a word of praise for God's goodness and greatness. Think of your favorite name for God. Write it here.

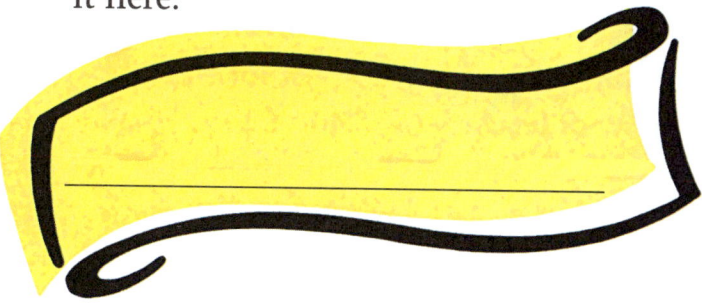

_____

Coming to Faith

How should we live the second commandment? Tell what you would say about Leo and Janine.

Leo says that all his friends swear and curse, using God's name. Leo does not want to be different from the others so he swears too.

Janine is your very good friend. You really like her. But Janine often uses the name of Jesus in a disrespectful way. She says she just does it to be funny.

Gather with your friends in a circle. Take turns sharing your favorite names for God. Tell why they are your favorites. Then pray:

† O God, we love your name. (Each one, in turn, softly calls aloud the name of God he or she chose.) We will honor your name always. Amen.

Sing together:

Holy God, we praise thy name;
Lord of all, we bow before thee;
All on earth thy scepter claim.
All in heaven above adore thee;
Infinite, thy vast domain,
Everlasting is thy reign.
Infinite, thy vast domain,
Everlasting is thy reign.

Spirit

Holy One

Savior

REPASO

Encierra en un círculo la letra al lado de la respuesta correcta.

1. El segundo mandamiento nos manda

   a. mantener santo el sábado.

   b. obedecer a nuestros padres.

   c. usar el nombre de Dios con respeto.

2. Honrar algo o a alguien es

   a. maldecir.

   b. jurar.

   c. respetar.

3. Llamar a Dios como nuestro testigo es

   a. maldecir.

   b. obedecer.

   c. jurar.

4. Desear mal a alguien es

   a. maldecir.

   b. jurar.

   c. mentir.

5. ¿Cómo puedes mostrar respeto por tu iglesia parroquial?

   _____
   _____

FE VIVA

EN EL HOGAR Y EN LA PARROQUIA

En este capítulo los niños aprendieron cómo obedecer el segundo mandamiento y como honrar el nombre de Dios, el santo nombre de Jesús, y los lugares santos. El mostrar reverencia por el santo nombre de Dios y de Jesús es un mandamiento importante de la fe católica. Cuando juramos, llamamos a Dios para que sea nuestro testigo. Este es un uso sagrado del nombre de Dios que nunca debe ser usado en vano.

Resumen de la fe

- El segundo mandamiento es no tomarás el nombre de Dios en vano.

- Vivimos el segundo mandamiento respetando el nombre de Dios, el nombre de Jesús y los santos lugares.

- Maldecir es desear mal a otros. Jurar es tomar el nombre de Dios como nuestro testigo de que diremos la verdad.

REVIEW · TEST

Circle the letter beside the correct answer.

1. The second commandment tells us to

   a. keep the Sabbath holy.

   b. obey our parents.

   c. use God's name with respect.

2. Showing honor to someone or something is

   a. cursing.

   b. swearing.

   c. respect.

3. Calling on God to be our witness is

   a. cursing.

   b. obeying.

   c. swearing.

4. Wishing bad things to happen to someone is

   a. cursing.

   b. swearing.

   c. lying.

5. How can you show respect for your parish church?

   _____
   _____

FAITH ALIVE — AT HOME AND IN THE PARISH

In this chapter your fourth grader learned about obeying the second commandment and about honoring God's name, the holy name of Jesus, and holy places. Showing reverence for God's holy name and the holy name of Jesus is an important commandment of our Catholic faith. Likewise, when we take an oath, we call on God to be our witness. This is a sacred use of God's name and must never be done in vain.

Faith Summary

- The second commandment is "You shall not take the name of the Lord, your God, in vain."

- We live the second commandment by respecting God's name, the name of Jesus, and holy places.

- Cursing is wishing evil on someone. Swearing is calling on God to be our witness that we are telling the truth.

115

12 Alabamos a Dios
Tercer mandamiento

Que Dios nos bendiga y proteja. Que el rostro de Dios brille en nosotros y nos dé paz.

Nuestra vida

Es viernes en la tarde. Después de la escuela, Rebeca regresaba a casa con su amiga Nora. Cuando llegaron la mamá de Rebeca ya había preparado una comida y estaba encendiendo las velas especiales del sabbat. Rebeca y su familia son judíos y practican su religión.

"Rebeca, pensé que el sabbat judío era el sábado", dijo Nora.

"Nuestro sabbat empieza el viernes al atardecer", dijo Rebeca. "El rabino nos dijo que en la Biblia el pueblo describe que cada día empieza la tarde antes. Nuestro sabbat empieza con la caída del sol el viernes y termina con la caída del sol el sábado".

"El día de descanso cristiano es el domingo, para recordar el día en que Jesús resucitó de la muerte", explicó Nora.

Explica algunas de las cosas que tú y tu familia hacen para hacer del domingo un día especial.

Compartiendo la vida

¿Crees que es importante mantener el domingo como día santo? ¿Por qué?

Compartan como los cristianos creen en mantener el domingo santo.

116

12 We Worship God
The Third Commandment

May God bless and keep us. May God's face shine upon us and give us peace.

Our Life

It was late Friday afternoon. Rebecca was going home from school with her best friend, Nora. When they got there, Rebecca's mother had already prepared the evening meal and was getting ready to light the special Sabbath candles. Rebecca and her family are Jews and practice the Jewish religion.

Nora said to Rebecca, "I thought that the Jewish Sabbath was on Saturday."

"Our Jewish Sabbath begins on Friday night," said Rebecca. "The rabbi told us that in the Bible people describe each day as beginning the evening before. Our Sabbath day begins at sunset on Friday and ends at sunset on Saturday."

Nora explained, "The Christian Sabbath is on Sunday to remember the day Jesus rose from the dead."

Tell some of the things that you and your family do to make Sunday special.

Sharing Life

Do you think it is important to keep Sunday a holy day? Why or why not?

Share together how Christians can grow in keeping our Sabbath holy.

Nuestra Fe Católica

El tercer mandamiento

El tercer mandamiento que Dios dio a Moisés fue "santificarás las fiestas" (Exodo 20:8).

El pueblo de Israel celebra el sabbat todas las semanas, empezando el viernes en la tarde y terminando el sábado en la tarde. Ellos honran y alaban a Dios, el creador de todas las cosas. Ellos descansan del trabajo y van a la sinagoga a rezar.

Desde el principio de la Iglesia, los cristianos celebran su sabbat el domingo. Los primeros cristianos recordaban que Jesús resucitó de la muerte el Domingo de Resurrección. El domingo se convirtió en el día especial del Señor y en nuestro sabbat cristiano.

Hoy los cristianos celebran el domingo descansando, alabando y adorando a Dios en comunidad. Los católicos nos reunimos en nuestra parroquia a celebrar la misa. Escuchamos la palabra de Dios y recibimos a Jesús en la sagrada comunión. Salimos de misa dispuestos a servir a Dios y a los demás.

Our Catholic Faith

The Third Commandment

The third commandment that God gave Moses was "Remember to keep holy the sabbath day" (Exodus 20:8).

The people of Israel celebrated the Sabbath every week, beginning on Friday evening and ending on Saturday evening. They honored and worshiped God, the creator of all things. They rested from their work and went to the synagogue to pray.

From the beginning of the Church, Christians have celebrated their Sabbath day on Sunday. The first Christians remembered that Jesus rose from the dead on Easter Sunday. Sunday became known as the Lord's special day and our Christian Sabbath.

Today Christians celebrate Sunday by setting aside time to rest, to turn to God, and to worship God as a community. Catholics come together with our parish community to celebrate the Mass. We listen to the word of God and receive Jesus in Holy Communion. We leave Mass ready to serve God by serving others.

Cumpliendo el mandamiento

La Iglesia Católica enseña que asistir a misa el domingo, o el sábado en la tarde, es una obligación seria. Esto significa que los católicos deben participar en la misa a menos que haya una razón válida para faltar, como una enfermedad seria.

Podemos anticipar la misa del domingo celebrándola el sábado en la tarde. Cuando no nos es posible asistir a misa, debemos tratar de leer la Escritura o rezar en la casa.

La Iglesia también nos enseña que el domingo debemos tratar de descansar, especialmente de trabajo innecesario. Mantenemos el domingo santo tomando tiempo para cuidar de nuestro cuerpo y nuestra mente. También tratamos de divertirnos con nuestra familia y amigos.

Debemos pensar en hacer la voluntad de Dios amando más a Dios y a nuestro prójimo en la semana que se inicia. También pensamos en lo que significa vivir para el reino de Dios. De esa forma vivimos el tercer mandamiento: "Santificar las fiestas".

Hay otros días que también tratamos de mantener santos. Estas son las fiestas de precepto. Estos días nos recuerdan celebrar algún evento en la vida de Jesucristo, la Santísima Virgen María y otros santos.

VOCABULARIO

Sabbat es una palabra hebrea que significa "descanso".

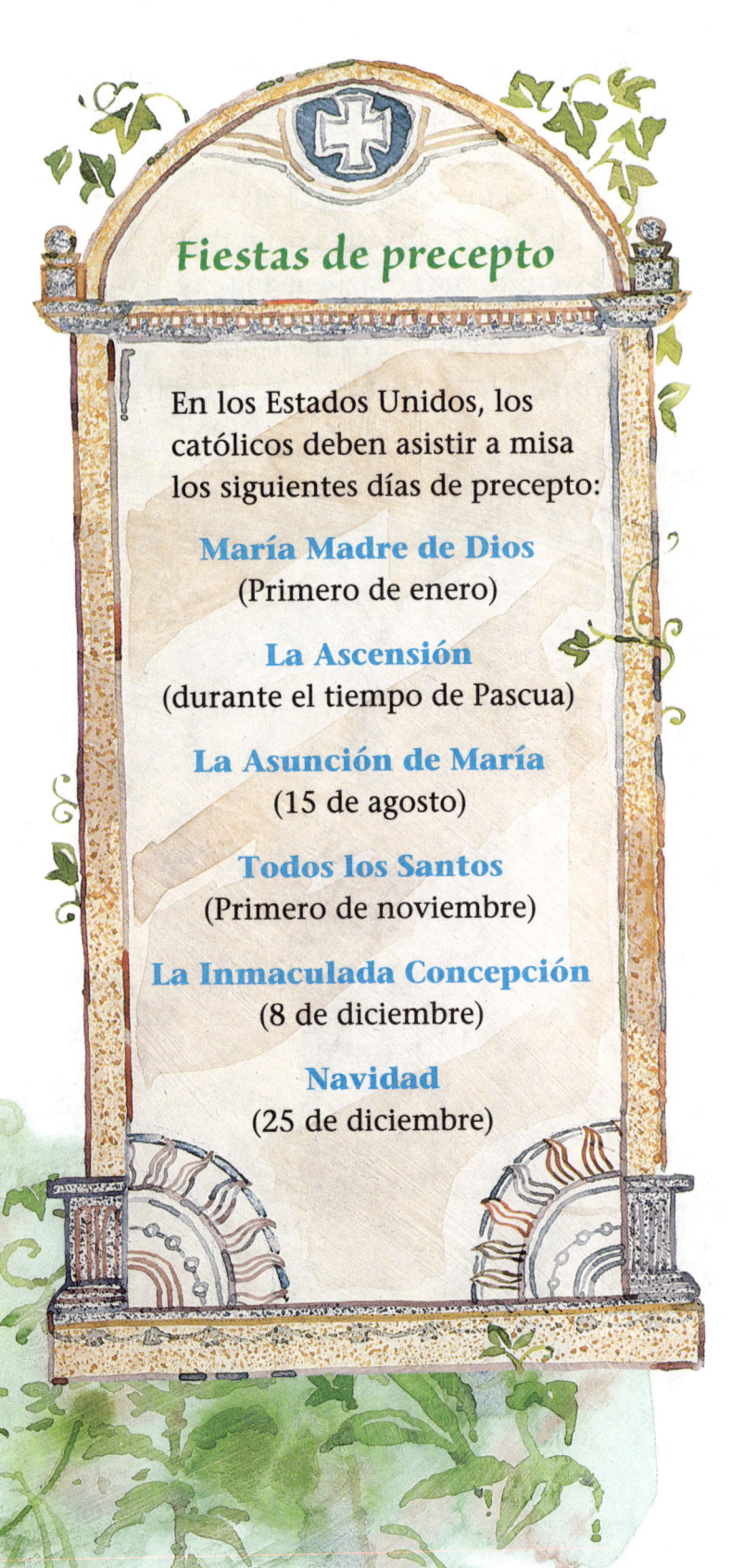

Fiestas de precepto

En los Estados Unidos, los católicos deben asistir a misa los siguientes días de precepto:

María Madre de Dios
(Primero de enero)

La Ascensión
(durante el tiempo de Pascua)

La Asunción de María
(15 de agosto)

Todos los Santos
(Primero de noviembre)

La Inmaculada Concepción
(8 de diciembre)

Navidad
(25 de diciembre)

Living the Commandment

The Catholic Church teaches that attending Mass on Sunday or on Saturday evening is a serious obligation. This means that Catholics must take part in the Mass unless there is a very good reason for missing, such as serious sickness.

We may anticipate, or look ahead, to Sunday Mass by celebrating it on Saturday evening. When it is not possible for us to go to Mass, we should try to read the Scriptures and say our prayers at home.

The Church also teaches that on Sundays we must try to rest, especially from unnecessary work. We keep the Sabbath holy by taking time to take care of our minds and bodies. We also try to spend fun time with our family and friends.

We need to think about doing God's will by loving God and our neighbor better during the coming week. We also think of what it means to live for God's kingdom. In these ways we live the third commandment, "Remember to keep holy the sabbath day."

There are also other days that we try to keep holy. These are called holy days of obligation. These days remind us to celebrate some event in the life of Jesus Christ, the Blessed Virgin Mary, or the other saints.

FAITH WORD

The word **Sabbath** comes from a Hebrew word that means "rest."

Holy Days of Obligation

In the United States, Catholics must go to Mass on these holy days of obligation:

Mary, Mother of God
(January 1)

Ascension
(during the Easter season)

Assumption of Mary
(August 15)

All Saints' Day
(November 1)

Immaculate Conception
(December 8)

Christmas
(December 25)

ACERCÁNDOTE A LA FE

Cambia cada historia para mostrar que el tercer mandamiento se ha cumplido.

Carla va a misa los domingos porque su madre la obliga. Durante toda la misa Carla desea estar en otro lugar. Ella nunca presta atención o participa en la misa.

Jorge siempre espera hasta el domingo para hacer sus tareas. Dice que no tiene tiempo para ir a misa, porque tiene que hacer sus tareas el domingo.

Imagina que tienes un amigo que practica otra religión, o no tiene religión. Explica a tu amigo por qué los católicos celebramos la misa el domingo. ¿Qué le vas a decir?

¿Te alegras de que el domingo sea para descansar y celebrar nuestra fe? ¿Por qué? ¿Por qué no?

VIVIENDO LA FE

¿Qué harás para que tu domigo sea santo?

Termina las oraciones dibujando o escribiendo lo que harás.

Alabar a Dios...

Haré estas actividades de recreo...

Estar con mi familia y...

122

COMING TO FAITH

Change each story to show the third commandment being lived.

Kathy goes to Sunday Mass because her mother makes her go. All through Mass, Kathy wishes that she were somewhere else. She never pays attention or joins in the Mass.

George always waits until Sunday to do his homework. He says that he does not have time to go to Mass, because he must spend all day Sunday doing his book reports and other assignments.

Imagine that you have a friend who belongs to another religion, or has no religion at all. Explain to your friend why Catholics celebrate Mass on Sunday. What would you say?

Are you glad we have Sunday as a day to rest and to celebrate our faith? Why or why not?

PRACTICING FAITH

How will you make Sunday a holy day for you?

Finish these sentences by drawing or writing what you will try to do.

I will worship God by . . .

I will take time off for fun and recreation by . . .

I will take time to be with my friends and family by . . .

REPASO

Encierra en un círculo la letra al lado de la respuesta correcta.

1. El tercer mandamiento es
   a. Honrar padre y madre.
   b. Santificar las fiestas.
   c. No robarás.

2. Todas las semanas el pueblo de Israel celebraba
   a. la Pascua.
   b. el rosario.
   c. el Sabbat.

3. El domingo o el sábado en la tarde y los días de precepto los católicos están obligados a participar en
   a. la misa.
   b. el rosario.
   c. la Reconciliación.

4. Un día de precepto
   a. el Viernes Santo.
   b. el Día de Pentecostés.
   c. La Inmaculada Concepción.

5. ¿Cómo te preparas para la misa del domingo?
   _____
   _____

FE VIVA

EN EL HOGAR Y EN LA PARROQUIA

En esta lección los niños aprendieron el tercer mandamiento y por qué los cristianos tienen el domingo como su día sabbat o de descanso. El domingo recordamos y celebramos la resurrección de Jesús, quien nos dio nueva vida. Cada domingo debe ser un tiempo especial para oración, descanso y diversión. La palabra *sabbat*, significa "descanso". Mantener el sabbat santo y como día de descanso es uno de los aspectos más ricos de nuestras tradiciones de fe. En nuestro ocupado mundo moderno, una vez más somos retados a aprender lo que significa mantener santo el sabbat.

Ayude a su hijo a desarrollar el hábito de participar en la celebración de la misa cada domingo o sábado en la tarde.

Resumen de la fe

- El tercer mandamiento es santificar las fiestas.
- Los cristianos celebran su sabbat el domingo. Recordamos que Jesús resucitó de la muerte el domingo de resurrección.
- Los católicos deben participar de la misa los domingos o los sábados en la tarde y los días de precepto.

REVIEW · TEST

Circle the letter beside the correct answer.

1. The third commandment is
   a. Honor your father and mother.
   b. Remember to keep holy the sabbath day.
   c. You shall not steal.

2. Every week the people of Israel celebrated the
   a. Passover.
   b. Seder.
   c. Sabbath.

3. On Sunday or Saturday evening and on holy days of obligation, Catholics are obliged to take part in
   a. the Mass.
   b. the rosary.
   c. Reconciliation.

4. One of the holy days of obligation is
   a. Good Friday.
   b. Pentecost.
   c. Immaculate Conception.

5. How can you prepare for Sunday Mass?

   _____
   _____

FAITH ALIVE AT HOME AND IN THE PARISH

In this lesson your fourth grader learned the third commandment and why Christians keep Sunday as their Sabbath day. On Sunday we remember and celebrate the resurrection of Jesus, who brought us new life. Each Sunday should be a special time of prayer, rest, and fun. The word *Sabbath* literally means "rest." Keeping the Sabbath holy and as a day of rest is one of the richest aspects of our faith tradition as Catholics. In our busy modern world, we are once again challenged to learn what it means to keep the Sabbath day holy.

Help your fourth grader develop the habit of participating in the celebration of Mass each Sunday or Saturday evening.

Faith Summary

- The third commandment is "Remember to keep holy the sabbath day."
- Christians celebrate their Sabbath on Sunday. We remember that Jesus rose from the dead on Easter Sunday.
- Catholics must take part in the Mass on Sunday or on Saturday evening and on all holy days of obligation.

13 Celebrando el Adviento

Dios, somos tus siervos. Haz que vivamos siempre tu santa voluntad.

Nuestra Vida

El pueblo de Nazaret despertaba después de una noche calmada. Las mujeres empezaban a llenar sus jarras de agua en el pozo. Una de ellas era María.

María tenía un secreto en su corazón. El ángel Gabriel había venido, enviado por Dios, a pedirle que fuera la madre de su Hijo.

María recordó las palabras del ángel: "tu hijo será Santo y con razón lo llamarán Hijo de Dios".

Con calma María repite la respuesta que dio al ángel: "Soy la servidora del Señor, hágase en mí lo que has dicho".

María tenía que prepararse. Ella decidió visitar a su prima Isabel. El ángel le había dicho que Isabel también iba a tener un bebé. María hizo el largo y penoso viaje para visitar a su prima, quien era mucho mayor que ella.

María se quedó con Isabel tres meses, hasta que nació su hijo Juan. Luego María regresó y esperó el nacimiento de su hijo.

Basado en Lucas 1:26–39, 56

¿Qué crees que María hizo durante los meses de espera por el nacimiento de Jesús?

¿Has esperado el nacimiento de un hermano, hermana o primo? ¿Qué hizo la familia para prepararse?

Compartiendo la Vida

¿Cómo te sientes al esperar para celebrar el nacimiento de Jesús en Navidad?

¿Cuáles son algunas de las mejores formas de prepararse para la Navidad?

13 Celebrating Advent

God, we are your servants. May we live your loving will always.

Our Life

The town of Nazareth was coming awake after a long, peaceful night. Women began to fill their jars with water from the village well. One of them was Mary.

Mary had a secret that she kept inside her heart. The angel Gabriel had come to her from God and asked her to be the mother of God's Son.

Mary remembered the angel's words: "The child to be born will be called holy, the Son of God."

Quietly, Mary repeated the answer she had given to the angel: "I am the handmaid of the Lord. May it be done to me according to your word."

Mary had to get ready. She decided to visit her cousin Elizabeth. The angel had told Mary that Elizabeth was also about to have a baby. Mary made the long, difficult journey to visit and help her cousin, who was much older than Mary.

Mary stayed for about three months, until Elizabeth's son, John, was born. Then Mary went back home to wait for her own baby to be born.
Based on Luke 1:26–39, 56

What do you think Mary did during those months of waiting for Jesus to be born?

Have you ever waited for a younger sister or brother or cousin to be born? What did your family do to get ready?

Sharing Life

How do you feel as you wait to celebrate Jesus' birth on Christmas?

What are some of the best ways to get ready for Christmas?

127

Nuestra Fe Católica

Tiempo de preparación
Adviento es un tiempo en el cual nos preparamos para la venida del Señor como lo hizo María. Nos preparamos para la celebración del nacimiento de Jesús en Navidad. También recordamos, con María, que Jesús vendrá de nuevo al final de los tiempos.

Para prepararte para la venida de Jesús, he aquí algunas cosas que puedes hacer:

- Ayudar en la casa. Por ejemplo, cuidar a tu hermanito, poner la mesa, lavar los platos, sacar la basura.

- Ser amable con alguien. Por ejemplo, hacer algo especial por uno de los padres que esté cansado, alegrar a una persona triste, incluir en tu grupo a alguien que es rechazado con frecuencia.

Recordamos que María se preparó para el nacimiento de Jesús. Podemos pedir a María que nos ayude a preparar para la Navidad recordando las necesidades de otras personas, tal como lo hizo ella.

Oraciones de adviento
Después que Isabel saludó a María, María dijo una bella oración de alabanza a Dios. Llamamos a esta oración el Magnificat. Parte de esta oración la escribimos en esta página. Quizás quieras rezarla durante el Adviento.

Durante el Adviento, también rezamos el Angelus. *Angelus* es una palabra latina que significa "ángel". Esta oración nos ayuda a recordar cuando el ángel visitó a María. Recordamos que María dijo sí para ser la madre del Hijo de Dios.

Trata de aprender el Angelus de memoria. Está en la página 132.

El Magnificat

Celebra todo mi ser
la grandeza del Señor
y mi espíritu se alegra en
el Dios que me salva,
porque quiso mirar la condición
humilde de su esclava,
en adelante todos los hombres
dirán que soy feliz.
En verdad el Todopoderoso
hizo grandes cosas para mí,
reconozcan que Santo es su
Nombre que sus favores
alcanza todos los que le temen.

Basado en Lucas 1:46–50

Our Catholic Faith

A Time to Prepare

Advent is the season in which we prepare for the Lord's coming as Mary did. We prepare for the celebration of Jesus' birth at Christmas. We also remember with Mary that Jesus will come again at the end of time.

To get ready for the coming of Jesus, here are some things you might do:

- Help out at home. For example, take care of a younger child, set the table, wash the dishes, take out the garbage.

- Be extra kind to someone. For example, do something special for a tired parent, cheer up a lonely person, include someone in your group who is usually left out.

We remember that Mary prepared for Jesus' birth. We can ask Mary to help us to prepare for Christmas by remembering other people's needs, as she did.

Advent Prayers

After Elizabeth greeted Mary, Mary said a beautiful prayer of praise to God. We call it the Magnificat. Part of this prayer can be found on this page. Maybe you would like to pray it during Advent.

During Advent, we can also pray the Angelus. *Angelus* is a Latin word that means "angel." The Angelus prayer helps us to remember the time when the angel came to Mary. We remember that Mary said yes and became the mother of God's own Son.

Try to learn the Angelus by heart. You will find it on text page 133.

The Magnificat

My soul proclaims the
 greatness of the Lord;
my spirit rejoices in
 God my savior.
For he has looked upon his
 handmaid's lowliness;
behold, from now on will
 all ages call me blessed.
The Mighty One
 has done great things
 for me,
and holy is his name.
His mercy is from
 age to age
 to those who fear him.

Luke 1:46–50

Acercándote a la Fe

Pasa este Adviento con María. Trata de ver el mundo como ella lo ve. ¿Qué haría María si viviera ahora en tu familia o en tu vecindario?

Qué harías para prepararte con María para celebrar la venida de Jesús? Escríbelo.

_____

_____

COMING TO FAITH

Spend this Advent with Mary. Try to look at your world as she would. What might Mary do if she were living now in your family or in your neighborhood?

What will you do to prepare with Mary to celebrate Jesus' coming? Write it here.

_____

_____

Viviendo la Fe

Honramos a María
Una oración de Adviento

Canción: El Ave María

Guía: Nos renunimos para honrar a María, la madre de Jesús y madre nuestra. Recordamos que María dijo aceptó ser la madre del Hijo de Dios. Pedimos a María nos ayude a ser como ella al prepararnos para celebrar la Navidad. Vamos juntos a rezar el Angelus.

Lado 1: El ángel del Señor anunció a María.

Lado 2: Y ella concibió del Espíritu Santo.

Todos: Dios te salve María. . . .
(Rezar el Ave María)

Lado 1: He aquí la esclava del Señor.

Lado 2: Hágase en mí según tu palabra.

Todos: Dios te salve María. . . .

Lado 1: Y el Verbo se hizo carne.

Lado 2: Y habitó entre nosotros.

Todos: Dios te salve María . . .

Lado 1: Ruega por nosotros, santa Madre de Dios.

Lado 2: para que seamos dignos de alcanzar las promesas de Cristo.

Guía: Oremos.

Todos: Derrama Señor, tu gracia sobre nosotros, que, por el anuncio del ángel, hemos conocido la encarnación de tu Hijo, para que lleguemos, por su pasión y su cruz, a la gloria de la resurrección. Por Jesucristo nuestro Señor. Amén.

Canción final

Oh purísima, oh castísima dulce Virgen María . . .

Practicing Faith

We Honor Mary
An Advent Prayer Service

Opening Hymn: Hail Mary

Leader: We come together to give honor to Mary, the mother of Jesus and our mother, too. We remember how Mary said yes and became the mother of God's Son. We ask Mary to help us to be like her as we prepare to celebrate Christmas. Let us pray the Angelus together.

Side 1: The angel of the Lord declared to Mary,

Side 2: and she conceived by the Holy Spirit.

All: Hail Mary. . . .(Pray the Hail Mary together.)

Side 1: Behold the handmaid of the Lord,

Side 2: be it done to me according to your word.

All: Hail Mary. . . .

Side 1: And the Word was made flesh

Side 2: and dwelled among us.

All: Hail Mary. . . .

Side 1: Pray for us, O Holy Mother of God,

Side 2: that we may be made worthy of the promises of Christ.

Leader: Let us pray.

All: Pour forth, we beseech you, O Lord, your grace into our hearts that we to whom the incarnation of Christ your Son was made known by the message of an angel may, by his passion and death, be brought to the glory of his resurrection, through the same Christ our Lord. Amen.

Closing Hymn

Sing to the tune of "Clementine."

Mother Mary, Blessed Mother,
We all pray to you each day.
Please help us to get ready
for your Son on Christmas day.

REPASO

Escribe lo que sepas acerca de:

1. María _____

   _____

2. Isabel _____

   _____

3. Gabriel _____

   _____

4. ¿Cuáles oraciones puedes rezar a María durante el Adviento? ¿Cuándo las rezarás?

   _____

   _____

FE VIVA EN EL HOGAR Y EN LA PARROQUIA

En este capítulo se presentó el Adviento como tiempo de preparación para la Navidad recordando las necesidades de los demás. La palabra *Adviento* se deriva del verbo en latín *advenire*, que significa "venir". Durante el Adviento nos preparamos y recordamos celebrar la venida de Jesucristo, en Navidad y al final de los tiempos.

Las lecturas bíblicas de Adviento proclaman la venida final de Jesucristo en gloria al final de los tiempos. En la vida cristiana, la mejor forma de preparase para el fin de los tiempos es viviendo nuestra fe como discípulos de Jesús. Es por eso que escuchamos el mensaje de Juan el Bautista para preparar el camino del Señor cambiando nuestras vidas y corazones.

Resumen de la fe

- María se preparó para recibir a Jesús ayudando a otros.
- Nos preparamos para la Navidad recordando las necesidades de los demás.

REVIEW • TEST

Write one thing you know about each one.

1. Mary _____

_____

2. Elizabeth _____

_____

3. Gabriel _____

_____

4. What prayers to Mary can you pray during Advent? When will you do this?

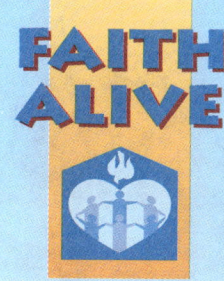

_____

_____

FAITH ALIVE AT HOME AND IN THE PARISH

In this chapter Advent was presented as a time to prepare for Christmas by remembering the needs of others. The word *Advent* comes from the Latin verb *advenire*, which means "to come." During Advent we remember and prepare to celebrate the coming of Jesus Christ, both at Christmas and at the end of time.

The Advent gospel readings proclaim the final coming of Jesus Christ in glory at the end of time. In the Christian life, the best way to prepare for the end of time is by living our faith now as disciples of Jesus. This is why we listen to the message of John the Baptist to prepare the way of the Lord by changing our lives and hearts.

Faith Summary
- Mary prepared for Jesus by helping others.
- We prepare for Christmas by remembering the needs of others.

14 Navidad

Jesús, María y José, bendigan nuestras familias.

Nuestra Vida

Jesús, María y José vivieron en Nazaret. El pueblo estaba lleno de pequeñas casas una cerca de la otra. La mayoría de las casas tenían el techo plano, donde la gente se sentaba a conversar en las tardes.

Podemos imaginar la vida de la Sagrada Familia.

Todos los días María horneaba pan para su familia. Servía frutas y vegetales y algunas veces pescado o carne en la cena. Jesús, María y José rezaban antes de cada comida.

José era un carpintero y enseñó su oficio a Jesús. María y José enseñaron a Jesús a amar, a rezar y a vivir de acuerdo a la ley de Dios.

Al igual que las familias hoy, muchas veces Jesús, José y María rieron juntos. Algunas veces estuvieron tristes. Quizás hablaron del futuro de Jesús.

¿Crees que Jesús, María y José hicieron cosas que hacemos hoy? ¿Cuáles?

Compartiendo la Vida

Imagina como sería volver atrás en el tiempo para visitar el hogar de Jesús, José y María. Habla con tus amigos acerca de lo que harías. ¿Qué dirías? ¿Le harías alguna pregunta?

14 The Christmas Season

Jesus, Mary, and Joseph, bless us and bless our families.

Our Life

Jesus, Mary, and Joseph lived in Nazareth. The town was filled with small houses built close to one another. Most of the houses had flat roofs, where the people would sit and talk in the evening.

We can imagine what life must have been like for the Holy Family.

Every day Mary baked bread for her family. She served fruits and vegetables and sometimes fish or meat for dinner. Jesus, Mary, and Joseph prayed before and after each meal.

Joseph was a carpenter and taught Jesus how to use carpenter's tools. Mary and Joseph taught Jesus how to love, how to pray, and how to live according to God's law.

Just like families today, there were many times when Jesus, Mary, and Joseph laughed together. Sometimes they must have been sad. They must have talked about what the future might hold for Jesus.

Do you think Jesus, Mary, and Joseph did any of the things you do every day? Which ones?

Sharing Life

Imagine what it might be like if you could go back in time to visit the home of Jesus, Mary, and Joseph. Talk with your friends about what you would do. What might you say? Is there anything you would ask them to help you with?

Nuestra Fe Catolica

Celebramos la Navidad

La Navidad es un tiempo especial para recordar y rezar a la Sagrada Familia. Celebramos el nacimiento de Jesús nuestro Salvador. También celebramos otras fiestas importantes durante el tiempo de Navidad.

Santos Inocentes

El 28 de diciembre celebramos la fiesta de los Santos Inocentes. Los inocentes fueron niños que el rey Herodes ordenó matar. La historia es contada en el Evangelio de Mateo.

Cuando Jesús nació, en Belén, algunos visitantes del oriente fueron a ver al rey Herodes, en Jerusalén. Ellos dijeron a Herodes que una estrella los había guiado y que habían venido a adorar a un niño que había nacido para ser rey.

Herodes tenía miedo de perder su trono. Así que dijo a los visitantes que fueran a Belén. El hizo creer que también quería adorar al niño.

Basado en Mateo 2:1–16

Los visitantes encontraron a Jesús con María y José pero fueron avisados por Dios en sueño no decir nada al rey Herodes. José también tuvo un sueño en el que se le dijo que tomara al niño y a María y se fueran a Egipto.

Cuando el rey Herodes se dio cuenta de que los visitantes se habían ido a sus casas sin avisarle, ordenó a sus soldados ir a Belén y matar a todos los niños menores de dos años.

Our Catholic Faith

We Celebrate Christmas

The Christmas season is a special time to remember and pray to the Holy Family. We celebrate the birth of Jesus, our Savior, in Bethlehem. We also celebrate other important feasts during the season of Christmas.

Holy Innocents

On December 28, we celebrate the feast of the Holy Innocents. The Holy Innocents were children whom King Herod ordered to be killed. Their story is told in the Gospel of Matthew.

When Jesus was born in Bethlehem, some visitors from the east came to King Herod in Jerusalem. They told Herod that a special star had guided them and that they had come to worship a baby born to be a king.

Herod was afraid of losing his throne to the newborn king. So he told the visitors to go to Bethlehem. He pretended that he wanted to know where the Child was, so that he could worship him, too.

Based on Matthew 2:1–16

The visitors found Jesus with Mary and Joseph. But they were warned by God in a dream not to tell King Herod. Joseph also had a dream. Joseph was told in the dream to take Mary and Jesus to Egypt for safety.

When King Herod realized that the visitors had tricked him and had gone home, he ordered his soldiers to go to Bethlehem and kill all boys who were two years old and younger.

JESUS IS BORN

Sagrada Familia
El domingo después de Navidad, celebramos la fiesta de la Sagrada Familia. Recordamos que Jesús, María y José vivieron juntos como una familia en Nazaret.

Ellos trabajaron, rezaron y jugaron juntos. En la fiesta de la Sagrada Familia pedimos a Jesús, a María y a José bendecir nuestras familias y ayudarnos a vivir por el reino de Dios.

María, la Madre de Dios
Durante el tiempo de Navidad, celebramos una fiesta especial en honor a María la Madre de Dios. El primero de enero recordamos que, ocho días después de nacer Jesús, María y José lo presentaron en el Templo.

Ahí se le dio el nombre Jesús, el nombre que el ángel le dio a María. El nombre Jesús significa "Dios salva". Rezamos a María y recordamos que la Madre de Dios es también nuestra madre.

Epifanía
El domingo entre el dos y el ocho de enero celebramos la fiesta de la Epifanía. Epifanía significa "manifestación", "muestra". En este día celebramos la presentación de Jesús como la Luz del Mundo. Escuchamos la historia de los magos quienes vinieron de lejos a adorar a Jesús, el niño rey.

Acercándote a la Fe

Algunas veces pensamos que la Navidad es sólo el 25 de diciembre. En la Iglesia, el tiempo de Navidad se extiende desde el 25 de diciembre hasta la fiesta del bautismo del Señor, el domingo después de la Epifanía.

Formen tres grupos. Cada grupo escogerá una forma de compartir una de las fiestas del tiempo de Navidad. Pueden usar música, drama, arte y la Escritura.

Si quieres puedes presentar tu programa a otro grupo en la parroquia.

Holy Family

On the Sunday following Christmas, we celebrate the feast of the Holy Family. We remember that Jesus, Mary, and Joseph lived together as a family in Nazareth.

There they worked, prayed, and played together. On the feast of the Holy Family, we ask Jesus, Mary, and Joseph to bless our families and to help us to live for the kingdom of God.

Mary, Mother of God

During the Christmas season, we celebrate a special feast to honor Mary as the Mother of God. On January 1, we remember that eight days after Jesus was born, Mary and Joseph took him to the Temple.

There the baby was named Jesus, the name the angel had given to Mary. The name Jesus means "God saves." We pray to Mary and remember that the Mother of God is our mother, too.

Epiphany

On the Sunday between January 2 and January 8, we celebrate the feast of the Epiphany. Epiphany is a word meaning "manifestation" or "showing forth." On this day we celebrate the showing forth of Jesus as the Light of the World. We hear the story of the wise men who came from a faraway land to worship Jesus, the newborn king.

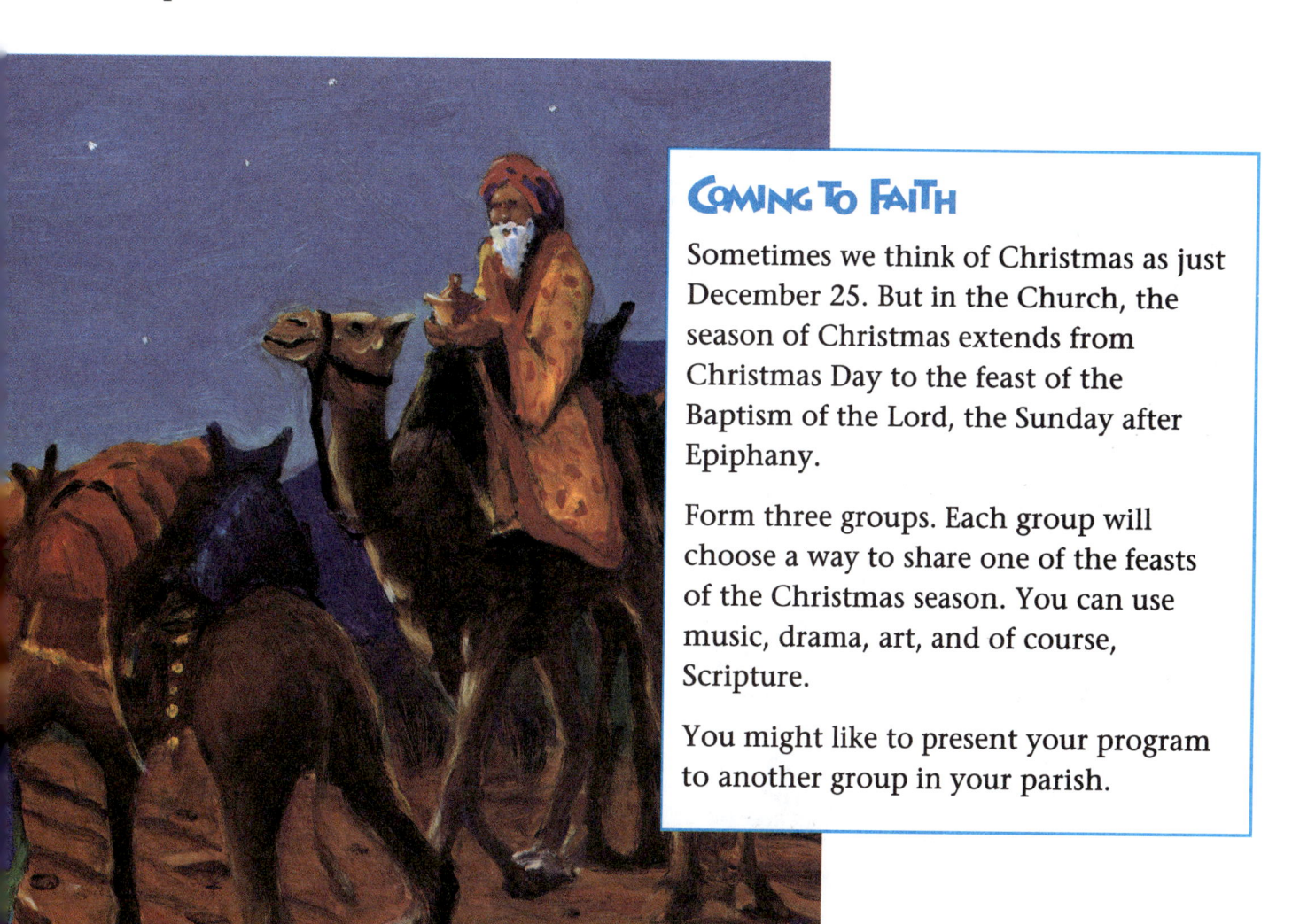

Coming To Faith

Sometimes we think of Christmas as just December 25. But in the Church, the season of Christmas extends from Christmas Day to the feast of the Baptism of the Lord, the Sunday after Epiphany.

Form three groups. Each group will choose a way to share one of the feasts of the Christmas season. You can use music, drama, art, and of course, Scripture.

You might like to present your program to another group in your parish.

Viviendo la Fe

Oración de Navidad

Haz un adorno de navidad. Recorta formas decorativas en papel. Escribe los nombres de los miembros de tu familia en ellas. Luego decora tu ornamento.

Canción

Cristianos, venid, cristianos, llegad
y adorad al niño que ha nacido ya,
cristianos, venid, cristianos, llegad,
y adorad al niño que ha nacido ya,
y adorad al niño que ha nacido ya.

Guía: En la fiesta de la Sagrada Familia nos reunimos a honrar a Jesús, a María y a José. Les pedimos bendigan a nuestra familia con amor, gozo y paz.

Acción para la oración

Cada uno de los lectores leen los nombres en sus ornamentos. Luego cada uno lo coloca en el árbol de navidad.

Guía: Oremos por nuestras familias.

Todos: Sagrada Familia, ayúdanos a vivir como ustedes. Ayúdanos a amar y honrarnos unos a otros en nuestras familias. María y José, ayúdennos a vivir juntos en paz y amor y seguir las huellas de Jesús, nuestro Salvador. Amén.

Canción final

Cristianos, venid, cristianos, llegad,
y adorad al niño que ha nacido ya,
cristianos, venid, cristianos, llegad,
y adorad al niño que ha nacido ya,
y adorad al niño que ha nacido ya.

Practicing Faith

A Christmas Prayer Service
Make a family Christmas ornament. Cut a decorative shape out of paper. Write on this shape the names of the people who make up your family. Then decorate your special ornament.

Opening Hymn
O come, all ye faithful, joyful and triumphant,
O come ye, O come ye to Bethlehem;
Come and behold him, born the King of angels;
O come, let us adore him,
O come, let us adore him,
O come, let us adore him,
Christ the Lord!

Leader: On the feast of the Holy Family, we come together to honor Jesus, Mary, and Joseph. We ask them to bless our families with love, joy, and peace.

Prayer Action
Each one reads the names on his or her ornaments. Then each one places the ornaments on a Christmas tree or display stand.

Leader: Let us pray for our families.

All: Holy Family, help us to live as you did. Help us to love and honor one another in our families. Mary and Joseph, help us to live together in peace and love and to follow the way of Jesus, our Savior. Amen.

Closing Hymn
O little town of Bethlehem,
How still we see thee lie!
Above thy deep and dreamless sleep
The silent stars go by;
Yet in thy dark streets shineth
The everlasting Light:
The hopes and fears of all the years
Are met in thee tonight.

REPASO

Explica lo que celebramos en cada una de estas fiestas de Navidad.

1. Santos Inocentes _____
   _____

2. Sagrada Familia _____
   _____

3. María, Madre de Dios _____
   _____

4. Epifanía _____
   _____

5. ¿Qué significan para ti las palabras "cristianos venid"?
   _____
   _____

FE VIVA

EN EL HOGAR Y EN LA PARROQUIA

En este capítulo los niños aprendieron algunas fiestas del tiempo litúrgico de Navidad. El tiempo de Navidad empieza con la misa de media Noche (Misa del Gallo) el día de Noche Buena y termina con la fiesta del Bautismo del Señor. Durante la Navidad celebramos las manifestaciones de Jesucristo en nuestras vidas y en la historia de la humanidad. Jesús es revelado a los pastores, personas pobres y sencillas y a los extranjeros del oriente.

En la gran fiesta de la Epifanía, escuchamos la historia de los magos buscando al recién nacido rey de los judíos. Esta fiesta celebra la Epifanía, o manifestación de Dios a todo el mundo. En la fiesta del Bautismo del Señor, Jesús es revelado como el Hijo de Dios. Cada una de estas fiestas aumenta nuestro aprecio por el gran regalo de Dios, Jesús.

Resumen de la fe

- Durante tiempo de Navidad se celebran las fiestas de los Santos Inocentes, la Sagrada Familia, María, Madre de Dios, y la Epifanía.
- El nombre de Jesús significa: "Dios Salva".
- Jesús, José y María forman la Sagrada Familia.

REVIEW • TEST

Tell what we celebrate on each of these Christmas feasts.

1. Holy Innocents _____

2. Holy Family _____

3. Mary, Mother of God _____

4. Epiphany _____

5. What do these words from "O Little Town of Bethlehem" mean to you? "Yet in thy dark streets shineth/the everlasting Light"

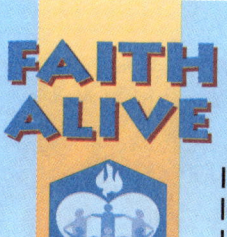

_____

FAITH ALIVE AT HOME AND IN THE PARISH

In this chapter your fourth grader learned about some feasts in the liturgical season of Christmas. The Christmas season begins with the vigil Mass on Christmas Eve and ends with the feast of the Baptism of the Lord. During Christmas we celebrate the manifestations of Jesus Christ in our lives and in human history. Jesus is revealed to shepherds, to poor and simple people, and to strangers from the east.

On the great feast of Epiphany, we hear the story of the wise men's search for the newborn King of the Jews. This feast celebrates the Epiphany, or manifestation, of God to all people. On the feast of the Baptism of the Lord, Jesus is revealed as God's own Son. Each of these feasts deepens our appreciation of God's greatest gift to us—Jesus.

Faith Summary

- The Christmas season includes the feasts of the Holy Innocents; Holy Family; Mary, Mother of God; and Epiphany.

- The name Jesus means "God saves."

- The Holy Family is Jesus, Mary, and Joseph.

15 Honrar a nuestros padres
El cuarto mandamiento

Jesús, José y María, bendigan siempre a nuestra familia. Amén.

Nuestra Vida

Cuando Jesús tenía doce años fue con María, José y otras familias, a Jerusalén para una gran fiesta de Pascua. Después de la fiesta, María y José regresaban a la casa sin Jesús. Pensaron que iba con otros miembros de la familia. Cuando se dieron cuenta de que no estaba con ellos, María y José regresaron a Jerusalén. Después de tres días, encontraron a Jesús en el Templo haciendo preguntas a los maestros.

María estaba enojada y le dijo: "Tu padre y yo te buscábamos muy preocupados".

Jesús le contestó: "¿Por qué me buscaban? ¿No saben que tengo que estar donde mi Padre?"

Luego Jesús se fue a la casa con María y José y les obedecía.

Basado en Lucas 2:41–51

¿Cómo crees se sentían María y José cuando buscaban a Jesús?

¿Cómo muestras obediencia a tus padres o tutores?

Compartiendo la Vida

Formen dos grupos y contesten las siguientes preguntas. Luego compartan sus ideas.

Grupo 1: ¿Por qué los niños deben obedecer a los adultos en sus familias?

Grupo 2: ¿Por qué debemos mostrar respeto a los mayores?

15 Loving Our Parents
The Fourth Commandment

Jesus, Mary, and Joseph, bless our family now and always. Amen.

Our Life

When Jesus was twelve years old, he went to Jerusalem with Mary and Joseph along with other family members and friends for the great Passover festival. After Passover, Mary and Joseph started home without Jesus. They thought he was returning with friends. When they discovered that he was not with them, Mary and Joseph rushed back to Jerusalem. After three days, they found Jesus in the Temple asking the teachers questions.

Mary was upset. She said, "Son, why have you done this to us? Your father and I have been looking for you with great anxiety."

Jesus said, "Why were you looking for me? Did you not know that I must be in my Father's house?"

Then Jesus went home with Mary and Joseph and was obedient to them.

Based on Luke 2:41–51

How do you think Mary and Joseph felt while they were looking for Jesus?

How do you show obedience to your parents or guardians?

Sharing Life

Work in two groups to develop your responses to these questions. Then share your ideas with everyone.

Group 1: Why should children obey the adults in their families?

Group 2: Why should we show respect to older people?

Nuestra Fe Católica

El cuarto mandamiento

Dios no hizo al hombre para estar solo. Dios nos creó para vivir en familia. En toda familia, algunos miembros cuidan de los que no se pueden valer por sí mismos.

Dios quiere que honremos y obedezcamos a los que nos cuidan y son responsables de nosotros. En el cuarto mandamiento Dios nos dice: "Honrarás a tu padre y a tu madre" (Exodo 20:12).

La Sagrada Familia de Jesús, María y José trabajó, jugó, rezó y alabó. María la madre de Jesús y José el padre adoptivo, enseñaron a Jesús las oraciones judías y los mandamientos de Dios. Ellos enseñaron a Jesús como amar y cuidar de los demás, especialmente los más necesitados.

Jesús nos enseñó como cumplir el cuarto mandamiento. Para nosotros, así como para Jesús, obedecer el cuarto mandamiento significa amar y honrar a nuestros padres o tutores y a todo el que nos cuida.

Nuestros padres o tutores son nuestros primeros y más importantes maestros. Ellos nos enseñan como amar a Dios, a los demás y a nosotros mismos. Cuando honramos y obedecemos a los que nos cuidan estamos haciendo la voluntad de Dios. Hacer la voluntad de Dios nos hace libres y nos da verdadera felicidad.

Las familias están compuestas de personas que pertenecen unas a otras y cuidan unos de los otros. Dios quiere que todas las familias sean felices, pero algunas no lo son. Los padres pueden tener problemas que los separen. Cuando esto sucede, los hijos pueden creer que unos de los padres no los aman. Los niños no tienen la culpa de la separación de sus padres.

Si crees que tus padres no te quieren habla con ellos. También puedes hablar con un sacerdote, tus maestros u otro adulto. Jesús no quiere que mantengas sentimientos tristes dentro de ti.

Our Catholic Faith

The Holy Family of Mary, Joseph, and Jesus worked and played, prayed and worshiped together. Mary, Jesus' mother, and Joseph, his foster father, taught him the Jewish prayers and God's commandments. They taught Jesus how to love and to care for others, especially the poor and people in need.

Jesus showed us how to follow the fourth commandment. For us, as for Jesus, to obey the fourth commandment means to love and honor our parents or guardians and all who care for us.

Our parents or guardians are our first and most important teachers. They teach us how to love God, others, and ourselves. When we honor and obey those who care for us, we are doing God's loving will for us. Doing God's will always makes us free and brings us true happiness. Families are made up of people who belong to and care for one another. God wants all families to be happy, but some are not. Parents can have problems that lead them to live apart. When this happens, it might seem to their children that one or the other of their parents does not love them. This is not true.

If you feel this way, speak to your parents about it. You can also talk to a priest, your teachers, or another adult. Jesus does not want you to keep your hurts inside you.

The Fourth Commandment

God did not make people to be alone. God created us to live as a family. In every family, some members care for those not yet ready or not able to care for themselves.

God wants us to honor and obey those who care for us and who are responsible for us. In the fourth commandment, God tells us, "Honor your father and your mother" (Exodus 20:12).

VOCABULARIO

Honrar significa mostrar respeto y reverencia a otro.

Viviendo el cuarto mandamiento
Cumplimos el cuarto mandamiento obedeciendo a todos los que nos cuidan de una forma u otra. Respetamos a nuestros maestros y a los que nos dirigen. Respetamos a nuestro estado y país tratando de ser buenos ciudadanos. Buenos ciudadanos son los que obedecen las leyes justas del país.

Dios quiere que honremos a nuestros padres y a aquellos que cuidan de nosotros. Debemos ayudarles de la forma que podamos. Cuando nuestros padres envejecen, debemos devolverle el amor y el cariño que nos dieron cuando estábamos creciendo. Debemos apoyarlos y cuidar de ellos. Dios quiere que todos nos amemos unos a otros como una familia. Cuando hacemos esto estamos viviendo el reino de Dios como discípulos de Jesús.

FAITH WORD

To **honor** means to show respect and reverence for another.

Living the Fourth Commandment

We keep the fourth commandment by obeying all those who take care of us in any way. We respect our teachers and those who lead us. We respect our state and country by trying to be good citizens. A good citizen is someone who obeys the just laws of the country.

God wants us to honor our parents and those who care for us. We should help them in any way we can. When our parents get older, we must return to them the love and care they gave us as we were growing up. We must support and care for them. God wants all people to love one another as one family. When we do this, we are living for the kingdom of God as disciples of Jesus.

ACERCÁNDOTE A LA FE

Como amigos, compartan lo que significa obedecer el cuarto mandamiento.

En tus propias palabras explica lo que dirías a cada persona en estas historias.

El padre de Juan tiene mal genio. Algunas veces cuando está enojado, golpea a Juan y a su hermana. Juan aprendió el cuarto mandamiento. A él le preocupa como puede honrar a su padre. El está confundido.

La abuela de Clara vino a vivir con su familia. Ella es mayor y no le gusta el ruido. La mamá de Clara le pidió no tocar su música alta. Clara está enojada porque tiene que actuar diferente ahora que su abuela vive con la familia.

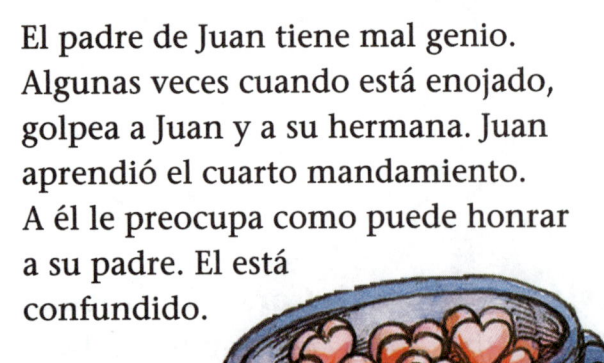

VIVIENDO LA FE

¿Cuáles crees son cosas importantes para tener una buena vida familiar?

Comparte tus ideas con el grupo y hagan una "receta" vida familiar. Por ejemplo, quizás quieras incluir ingredientes tales como libras de respeto, tazas de amor, cucharadas de honestidad. ¿Qué más tiene que mezclarse?

COMING TO FAITH

As friends, share together what obeying the fourth commandment means to you.

Tell what you would say to each person in these stories.

John's father has a very bad temper. Sometimes when he is angry, he hits John and his sister. John has just studied the fourth commandment. He wonders whether he can honor his father. He is confused about what to do.

Clara's grandmother has come to live with her family. She is old and does not like noise. Clara's mother has asked her not to play her stereo loudly. Clara is upset because she has to act in a special way now that her grandmother lives with her family.

PRACTICING FAITH

What do you think are important ingredients for a good family life?

Share your ideas with your group and make up a Family Life "recipe." For example, you might want to include ingredients like pounds of respect, cups of love, and tablespoons of honesty. What else needs to be mixed in?

153

REPASO

Encierra en un círculo la letra al lado de la respuesta correcta.

1. El cuarto mandamiento es
   a. no matarás.
   b. santificar las fiestas.
   c. honrar padre y madre.

2. Jesús María y José forman
   a. la Santísima Trinidad.
   b. la Sagrada Familia.
   c. los escritores de los evangelios.

3. Un buen ciudadano debe obedecer las leyes del país que son
   a. justas e injustas.
   b. justas.
   c. injustas.

4. El cuarto mandamiento nos enseña sólo a obedecer a los
   a. mayores.
   b. padres.
   c. padres y a los mayores.

5. ¿Cómo podemos respetar a las personas mayores de nuestra familia?
   _____
   _____

FE VIVA

EN EL HOGAR Y EN LA PARROQUIA

En este capítulo los niños aprendieron que el cuarto mandamiento nos pide amar y honrar a nuestros padres y tutores y a todo el que cuide de nosotros.

Como padre o tutor usted es responsable de crear una atmósfera familiar donde se comparta amor, honor y respeto que anime al niño a amarle, obedecerle y honrarle. Esto puede ser un reto para muchos padres que están ocupados trabajando para proveer las necesidades básicas de sus familias. Recuerde rezar con frecuencia para seguir el ejemplo de la Sagrada Familia—Jesús, María y José—y crecer como una comunidad.

Resumen de la fe

- El cuarto mandamiento es: "Honrarás a tu padre y a tu madre".
- Jesús nos enseñó cómo cumplir el cuarto mandamiento.
- El cuarto mandamiento nos enseña a honrar y a obedecer a todo el que cuida de nosotros.

REVIEW · TEST

Circle the letter beside the correct answer.

1. The fourth commandment is
   a. You shall not kill.
   b. Keep holy the Sabbath day.
   c. Honor your father and mother.

2. Jesus, Mary, and Joseph are the
   a. Blessed Trinity.
   b. Holy Family.
   c. writers of the gospels.

3. A good citizen must obey the laws of the country that are
   a. just and unjust.
   b. just.
   c. unjust.

4. The fourth commandment teaches us to respect
   a. older people.
   b. only our mother.
   c. our neighbors.

5. How can we honor and respect elderly members of our family?

   _____

   _____

FAITH ALIVE AT HOME AND IN THE PARISH

In this chapter your fourth grader learned that the fourth commandment requires us to love and honor parents, guardians, and all who care for us.

As a parent or guardian you have the responsibility to create a family atmosphere of shared love, honor, and respect that encourages your child to love, obey, and honor you. This can be a great challenge, especially when so many parents are so busy working hard to provide for the basic needs of their families. Remember, too, to pray often that you may follow the example of the Holy Family—Jesus, Mary, and Joseph—and grow as a loving family community.

Faith Summary

- The fourth commandment is "Honor your father and your mother."
- Jesus showed us how to keep the fourth commandment.
- The fourth commandment teaches us to honor and obey all who take care of us.

16 Respetar la vida
El quinto mandamiento

Gracias Dios, por el regalo de toda vida.

Nuestra Vida

Mira las ilustraciones. Escribe "Respeto a la vida" en el cuadro donde se muestra respeto a la vida. Explica el por qué de tu respuesta. Explica por qué en la otra ilustración la vida no ha sido respetada.

¿Qué significa respetar la vida?

¿Cómo muestras respeto a la vida incluyendo la tuya?

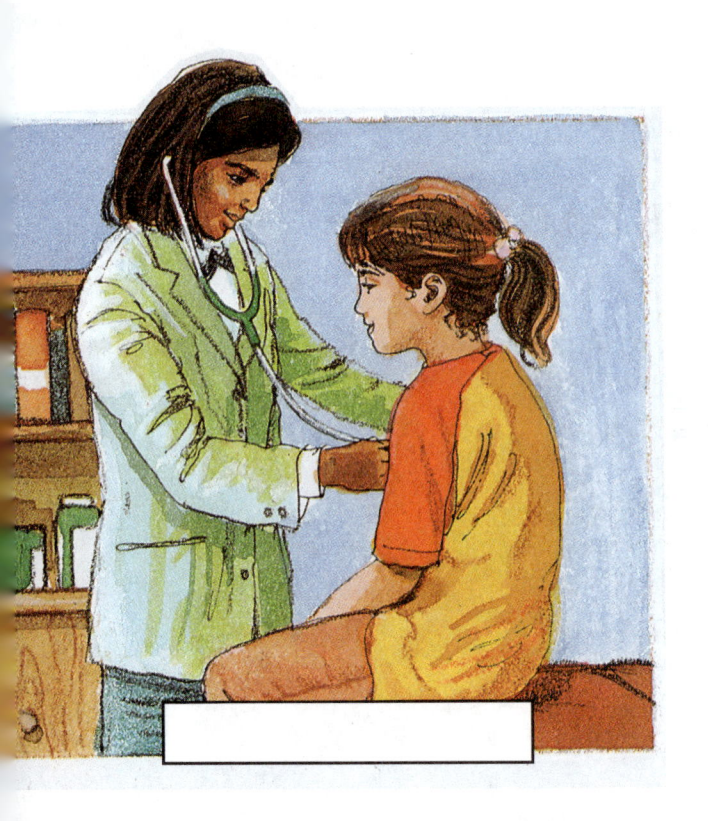

Compartiendo la vida

Reunidos en un círculo túrnense para responder estas preguntas:

¿Qué cosas nos ayudan a estar en "favor de la vida"? ¿Qué cosas están en "contra de la vida"?

Explica cuál es la mejor manera en que cuidas de tu propia vida.

¿Por qué piensas que debemos cuidar de la vida de los demás?

16 Living for Life
The Fifth Commandment

Thank you, God, for the gift of all life!

Our Life

Look at the pictures. Write "Respecting Life" only in the box that show life being respected. Tell why you think this is so. Tell why life is not being respected in the other picture.

What does it mean to respect life?

How do you show respect for all life, including your own?

Sharing Life

Gather in a circle. Take turns responding to each question.

What things help us to be "for life"? What things work "against life"?

Tell some of the best ways to care for your own life.

Why do you think we should care about the lives of others?

Nuestra Fe Católica

El quinto mandamiento

En la Biblia aprendemos que Dios hizo todas las cosas buenas. De todas las cosas vivientes que Dios hizo, el ser humano fue lo más especial. Es así, porque el ser humano es hecho a imagen y semejanza de Dios. Esto quiere decir, como Dios, que la gente piensa, elige y ama.

Los seres humanos son las únicas criaturas en la tierra que Dios hizo a su imagen y semejanza. Sólo los seres humanos tienen la vida de Dios.

La palabra de Dios en la Biblia nos enseña que toda persona debe ser tratada con respeto. Todo el mundo tiene igual derecho a la vida, la libertad y a ser tratado con justicia. Por eso Dios nos dio el quinto mandamiento: "No matarás" Exodo 20:13.

El quinto mandamiento nos enseña que la vida humana es sagrada. Debemos respetar nuestras vidas y la de los demás. No debemos matar o herir a los demás ni a nosotros mismos.

Debemos tratar de no maltratar nuestro cuerpo usando alcohol en exceso o drogas. Debemos cuidar de nuestro cuerpo descansando, comiendo y haciendo ejercicio adecuadamente.

Jesús nos mostró como vivir el quinto mandamiento. Jesús trató a todo el mundo de la forma en que él quiere que nosotros también los tratemos, con bondad y paciencia. Jesús ayudó a los pobres y a los que sufrían en diferentes formas. Si alguien era relegado Jesús lo traía a su comunidad. El luchó contra el prejuicio y la discriminación.

Jesús dijo a sus seguidores: "vine para que tengan vida" (Juan 10:10). Jesús nos da vida. El nos muestra como elegir la vida.

Our Catholic Faith

The Fifth Commandment

From the Bible we know that God made all things good. Of all the living things that God made, people are the most special. That is because human beings are made in God's image and likeness. This means that people can think, choose, and love as God does.

Human beings are the only creatures on earth made in God's own image and likeness. Only human beings have God's own life in them.

God's word in the Bible teaches us that every person must be treated with respect. All people have an equal right to life, to freedom, and to be treated with justice. This is why God gave us the fifth commandment, "You shall not kill" (Exodus 20:13).

The fifth commandment teaches us that human life is sacred. We are to respect our lives and the lives of others. We must not kill or hurt ourselves or others.

We must not hurt our own bodies by taking drugs or by using alcohol to excess. We must care for our bodies by getting the right amount of rest, food, and exercise.

Jesus showed us how to live the fifth commandment. Jesus treated everyone the way he wants us to treat them—with kindness and patience. Jesus helped the poor and those who were suffering in any way. If people were being kept out by others, Jesus brought them into his community. He fought against all prejudice and discrimination.

Jesus told his followers that he "came so that they might have life and have it more abundantly" (John 10:10). Jesus is our lifegiver. He shows us all how to choose life.

> **VOCABULARIO**
>
> **Sagrado** significa pertemer a Dios. La vida humana es sagrada porque pertenence a Dios.

Escoger la vida

La Iglesia enseña que escoger la vida es algo más que evitar cometer un asesinato o un crimen violento. Porque creemos que la vida humana es sagrada, nos preocupamos de todo el mundo, especialmente de los más necesitados.

Nuestra fe católica nos recuerda nuestra responsabilidad especial de cuidar y proteger a los que no han nacido, y que no se pueden proteger a sí mismos. Nos preocupamos por los pobres, los que tienen necesidades especiales y los ancianos. Respetamos, cuidamos y protegemos toda vida humana. Cuando nos preocupamos por las necesidades de todos, estamos ayudando a construir una comunidad de paz y justicia en nuestro mundo.

Escogemos la vida y vivimos el quinto mandamiento cuando nos preocupamos por todo el mundo a nuestro alrededor. Si el amor está en el corazón de todos no hay cabida para el odio que trae la guerra.

Podemos trabajar por la paz cuando no nos enojamos o envidiamos a los otros. Al cumplir el quinto mandamiento cumplimos la voluntad de Dios de trabajar por su reino.

FAITH WORD

Sacred means belonging to God. Human life is sacred because it belongs to God.

Choosing Life

The Church teaches that to choose life we must do much more than avoid committing murder and violent crime. Because we believe that all human life is sacred, we care about all people, especially those who are helpless.

Our Catholic faith reminds us of our special responsibility to care about and protect unborn babies, who cannot protect themselves. We care about the poor, those with special needs, and the elderly. We must respect, care for, and protect all human life. When we care for the needs of all people, we are helping to build a community of peace and justice in our world.

We choose life and live the fifth commandment when we care about all people and the world around us. If love is in everyone's heart, there is no room for the hate that brings about war.

We can work for peace by not being angry or jealous toward others. By keeping the fifth commandment, we do God's will and work for the kingdom of God.

161

Acercandote a la Fe

Ya que sabes el quinto mandamiento, ¿qué puedes decir de estas historias?

A Luis le gustan los juegos de computadoras que tienen mucha violencia y armas. El dice que no dañan a nadie.

Lisa dice que ella no ve nada malo en probar drogas una vez.

El padre de Marcos le dijo: "No hable con los nuevos vecinos. Ellos no son como nosotros. Ellos son de otra raza".

Una compañía química está tirando materiales tóxicos en un río. Es más barato que tirarlo de acuerdo a como manda la ley.

Viviendo la Fe

Juntos escriban una canción sobre el respeto a la vida. Escojan un tema importante sobre la "vida". Elijan un tono que conozcan y póngale sus propias palabras. Si quieren pueden cantar la canción en la parroquia.

Tomados de las manos recen en silencio.

✝ Dios de amor, la vida es un hermoso regalo. Ayúdanos a respetar nuestra vida y la de otros.

Terminen cantando la canción que escribieron.

Practicing Faith

Work together to write a song about respect for life. Choose an important "life" topic. Pick a tune you know and write your own words to it. You might share the song with your parish.

Then pray together in a life chain. Join hands and silently pray.

✝ Loving God, life is a beautiful gift. Help us to respect life in ourselves and in others.

End with your group song.

Coming to Faith

Knowing the fifth commandment, what would you say about these stories?

Kenny likes playing computer games that have a lot of guns and violence. He says it does not hurt anyone.

Lisa says she doesn't see anything wrong with trying drugs just once.

Mark's father told him, "Don't talk to the new neighbors. They are not like us. They belong to a different race."

A chemical company is dumping toxic materials in a river. It's less expensive than handling them according to the law.

163

REPASO

Encierra en un círculo la letra al lado de la respuesta correcta.

1. El quinto mandamiento es
   a. no matarás.
   b. no robarás.
   c. no jurarás.

2. El quinto mandamiento nos enseña.
   a. que es malo hacernos daño.
   b. nada acerca de nosotros.
   c. las dos son correctas.

3. Que la vida humana es sagrada significa que
   a. los necesitados merecen cuidado.
   b. los no nacidos merecen protección.
   c. las dos son correctas.

4. Podemos vivir el quinto mandamiento
   a. ignorando a los demás.
   b. peleando y gritando.
   c. tratando a todo ser vivo con cuidado.

5. ¿Cómo vivirás el quinto mandamiento esta semana?

   _____
   _____

FE VIVA EN EL HOGAR Y EN LA PARROQUIA

En este capítulo los niños aprendieron que obedecer el quinto mandamiento significa escoger la vida para uno mismo y los demás.

Toda vida es como una "túnica sin costura" hecha de una sola pieza. Esto quiere decir que si tratamos mal a un ser vivo, maltratamos a todas las cosas vivientes.

Debemos respetar y trabajar por el derecho a la vida de todos. Así es como construimos el reino de Dios como discípulos de Jesús. Pida a la familia discutir acerca de las formas en que se puede terminar con la violencia a nuestro alrededor. Hablen de las formas en que pueden promover respeto por la vida.

Resumen de la fe

- El quinto mandamiento es: "No matarás". Nos enseña que la vida humana es sagrada.
- Todo el mundo tiene igual derecho a vivir y a ser tratado justamente.
- Escogemos la vida cuando nos preocupamos por los demás y por el mundo a nuestro alrededor.

REVIEW • TEST

Circle the letter beside the correct answer.

1. The fifth commandment is

   a. You shall not kill.

   b. You shall not steal.

   c. You shall not swear.

2. The fifth commandment teaches us

   a. that it is wrong to hurt ourselves.

   b. nothing about ourselves.

   c. both a and b

3. All human life is sacred means that

   a. needy people deserve care.

   b. unborn babies deserve our protection.

   c. both a and b.

4. We live the fifth commandment by

   a. ignoring others.

   b. arguing and fighting.

   c. treating all living things with care.

5. How will you live the fifth commandment this week?

   _____

   _____

FAITH ALIVE AT HOME AND IN THE PARISH

In this chapter your fourth grader learned that obeying the fifth commandment means choosing life for oneself and others. All of life is like a "seamless garment" made out of only one piece of cloth. This means that if we treat any living thing badly, we hurt all living things. We must respect and work for everyone's right to life. This is how we build up the reign of God as Jesus' disciples. Have a family discussion about the ways we can end any violence around us. Talk about ways that promote a loving respect for life.

Faith Summary

- The fourth commandment is "Honor your father and your mother."
- Jesus showed us how to keep the forth commandment.
- The fourth commandment teaches us to honor and obey all who take care of us.

17 Fidelidad
Sexto y noveno mandamientos

Jesús, tu amor por nosotros es siempre fiel. Enséñanos tus caminos.

Nuestra Vida

Karen ha estado enferma pero ahora su cáncer está detenido. Ella está muy delgada y ha perdido mucho pelo por la quimioterapia.

Karen estaba nerviosa de regresar a la escuela. ¿Cómo reaccionarían sus compañeros?

He aquí lo que pasó:

- Alguien le dijo: "¿Dónde está tu pelo? Te ves rara".

- Otros estaban contentos de ver a Karen de nuevo, pero no se sentían muy bien cerca de ella.

- Otros le dijeron: "Eres muy valiente Karen, y nosotros te queremos". Ellos invitaron a Karen a participar en sus actividades.

¿Cuáles son los verdaderos amigos de Karen?

¿Qué significa ser amigo fiel?

¿Cómo muestras que eres buen amigo?

Compartiendo la Vida

Discutan estas preguntas:

Piensa que en el grupo hay un amigo como Karen. ¿Cómo actuarías?

¿Es fácil ser buen amigo?

¿Crees que Jesús quiere que seamos buenos amigos? ¿Por qué?

17 Faithful in Love
The Sixth and Ninth Commandments

Jesus, your love for us is always faithful. Teach us your ways.

Our Life

Karen had been sick for a long time but now her cancer was in remission. She was thinner and she had lost all her hair in chemotherapy. Karen was nervous about going back to school. How would her classmates react to her?

This is what happened:

- Some said, "Where is your hair? You look funny."

- Some were happy Karen was getting better, but they were uncomfortable and kept away from her.

- Some said, "You are really brave, Karen, and we love you." They made Karen part of everything they did.

Which ones were real friends to Karen?

What does it mean to be a faithful friend?

How do you show that you are one?

Sharing Life

Discuss these questions together.

Suppose this group had a friend like Karen. How would we act?

Is it always easy to be a faithful friend?

Do you think that Jesus wants us to be faithful friends? Why?

167

Nuestra Fe Católica

Ser fiel en el matrimonio

El amor que un hombre y una mujer comparten en el matrimonio es especial. Dios hizo a los padres para ser compañeros. Las personas casadas comparten el gozo y las penas, los días buenos y los malos. Dios pide a cada hombre y mujer casados ser fiel el uno al otro.

Dios hizo diferentes al hombre y a la mujer y esas diferencias son dones de Dios. Uno de estos dones es nuestra sexualidad, es una expresión del gran amor de Dios por nosotros. La sexualidad es algo muy sagrado y debe ser usada con responsabilidad. En los mandamientos Dios recuerda al hombre y a la mujer que el amor sexual debe ser reservado para el matrimonio.

El sexto mandamiento es: "No cometerás adulterio" (Exodo 20:14). *Adulterio* significa ser infiel al esposo o esposa. El noveno mandamiento dice: "No desearás la mujer de tu prójimo" (Exodo 20:17).

El sexto y el noveno mandamientos recuerdan a la pareja que no importa lo difícil que sea, los esposos deben ser fieles a sus votos matrimoniales mientras vivan. Jesús dijo: "Dios los hizo hombre y mujer. Por eso dejará el hombre a su padre y a su madre para unirse a su esposa y serán uno solo. Pues bien lo que Dios unió, que no lo separe el hombre".
Basado en Marcos 10:6–9

El sexto y el noveno mandamientos también ayudan a los esposos a crear una comunidad de amor y cuidado por su familia. La Iglesia Católica enseña que la pareja casada debe formar una comunidad de vida y amor.

Las familias son el corazón del maravilloso mundo de Dios. En la familia es donde somos amados primero. En la vida en familia los niños aprenden como hacer la voluntad de Dios—amar a Dios, a ellos mismos y a los demás. Los miembros de la familia trabajan juntos para llevar el reino de Dios.

Our Catholic Faith

Being Faithful in Marriage

The love that a man and a woman share in marriage is very special. God made mothers and fathers to be equal partners. Married people share their joys and sorrows, their good days and bad days. God asks each woman and man who marry to be loyal and faithful to each other.

The differences between being a man and a woman are gifts from God. These gifts, our sexuality, are an expression of God's great love for us. Sexuality is very sacred and should be used responsibly. In the commandments, God reminds men and women that sexual love should be kept for marriage.

The sixth commandment says, "You shall not commit adultery" (Exodus 20:14). *Adultery* means being unfaithful to one's wife or husband. The ninth commandment says, "You shall not covet your neighbor's wife [or husband]" (Exodus 20:17).

The sixth and ninth commandments remind a married couple that no matter how difficult it is, a husband and wife must be faithful to their marriage vows as long as they live. Jesus reminds us that "'God made them male and female. For this reason a man shall leave his father and mother [and be joined to his wife], and the two shall become one flesh.' Therefore what God has joined together, no human being must separate."

Based on Mark 10:6–9

The sixth and ninth commandments also help a husband and wife to create a loving, caring community for their family. The Catholic Church teaches that married couples are to form a community of life and love together.

Families are the heart of God's wonderful world. It is in the family that we are first loved. Through family life, children learn how to do God's will—to love God, themselves, and others. Family members work together to bring about the kingdom of God.

169

VOCABULARIO

Ser **fiel** significa ser leal y decir la verdad.

Además de ser fieles a nuestra familia, Dios nos pide ser fieles unos a otros. Hacemos eso cuando nos amamos porque somos hechos a imagen de Dios. Amarnos significa respetar nuestros cuerpos con lo que decimos, hacemos y pensamos.

Recordamos que cada parte de nuestro cuerpo es buena. No debemos faltar el respeto en pensamiento, palabras u obras, a nuestro cuerpo o al cuerpo de otra persona.

No debemos leer libros o ver películas que deshoren nuestros cuerpos. No debemos permitir que nada ni nadie deshore nuestros cuerpos. Nuestros cuerpos son regalos de Dios hechos para amar y ser fieles en el matrimonio.

Aprender a ser fieles amigos es una buena forma de aprender sobre el amor. La verdadera amistad es ser fiel a los amigos y que los amigos sean fieles.

Cumplimos el sexto y el noveno mandamientos de muchas maneras. Amas a alguien cuando pasas tiempo con esa persona. Hablan y se escuchan.

La amistad también significa que renuncias a algo que quieres cuando es bueno para un amigo. Trata de ser paciente con tus amigos cuando te incomoden. Recuerda que nadie es perfecto, que todos tenemos faltas y defectos.

FAITH WORD

To be **faithful** means to be loyal and true to someone.

Besides being faithful to our family, God also asks us to be faithful to ourselves. We do this when we love ourselves because we are made in God's image. Loving ourselves means respecting our bodies by what we say and think and do.

We remember that every part of our body is good. We do not do anything to our body or to another person's body that is disrespectful in thought or word or action.

We do not read books or see movies that dishonor our bodies. We do not allow anyone to do anything to us that would dishonor our bodies. Our bodies are a wonderful gift from God, made for true and faithful love in marriage.

Learning to be loyal and faithful friends is a good way to learn about love. You want your friends to be loyal, and you want to be loyal to them. This is true friendship.

You keep the sixth and ninth commandments in many ways. You love someone when you share your time with that person. You listen to and talk with each other.

Friendship also means that you give up what you want for what the friend wants when it is good for your friend. You try to be patient with your friends when they get on your nerves. You remember that no one is perfect, that everyone has faults and shortcomings.

171

Acercándote a la Fe

Piensa en formas en que podemos cumplir el sexto y el noveno mandamiento en nuestras vidas. Dramaticen las siguientes situaciones.

Tu hermana mayor tiene problemas en la escuela. Tus padres estás apenados y discutieron antes de la cena. Tú. . . .

Uno de tus amigos tiene una revista con fotografías indecentes. Tu amigo te dice que no debes ser tan niño. Tú. . . .

Viviendo la Fe

Todavía no estás listo para prometer ser fiel a alguien en el matrimonio. Pero *estás* listo para ser fiel a tus promesas, leal a tu familia y amigos y respetuoso de tu cuerpo y del de los demás.

Comparte tus ideas completando estas oraciones:

- Ser *fiel* significa. . . .
- Puedo ser fiel a mi familia. . . .
- Puedo ser un amigo fiel. . . .
- Puedo ser fiel a mí mismo. . . .

Hagan una oración sobre la fidelidad. Récenla juntos.

COMING TO FAITH

Think of ways we can keep the sixth and ninth commandments right now in our lives. Role-play the following situations together.

Your older sister has gotten into trouble at school. Your parents are upset and are arguing with each other before dinner. You....

One of your friends has a magazine with pictures you know you should not be looking at. Your friend tells you not to be a baby. You....

PRACTICING FAITH

You are not yet ready to promise to be faithful to someone in marriage for life. But you *are* ready to be faithful to promises, loyal to family and friends, and respectful of your own body and the bodies of other people.

Share your ideas by completing each statement.

- *Faithful* means....
- I can be faithful to my family by....
- I can be a faithful friend by....
- I can be faithful to myself by....

Make up a group prayer about being faithful. Pray it together.

REPASO

Encierra en un círculo la letra al lado de la respuesta correcta.

1. El sexto mandamiento es no
   a. desearás la mujer de tu prójimo.
   b. cometerás adulterio.
   c. mentirás.

2. Ser fiel significa ser
   a. amistoso.
   b. ser leal y veraz.
   c. sagrado.

3. El noveno mandamiento es no
   a. desearás la mujer de tu prójimo.
   b. cometerás adulterio.
   c. mentirás.

4. Matrimonio es un sacramento de
   a. servicio.
   b. sanación.
   c. iniciación.

5. ¿Cómo vas a ser fiel a tus amigos?

   _____

   _____

FE VIVA EN EL HOGAR Y EN LA PARROQUIA

En este capítulo los niños aprendieron el sexto y el noveno mandamientos. Nunca es muy temprano para plantar la base de la fidelidad para la vida adulta enseñando a los niños como ser fieles a Dios, a uno mismo, a la familia, a los amigos, y a las promesas hechas. Es un imperativo que los padres enseñen a sus hijos que la sexualidad es un gran y hermoso don del amor de Dios.

Cuando verdaderamente tratamos nuestros cuerpos como templos del Espíritu Santo, ayudamos a nuestros hijos a cumplir con el sexto y el noveno mandamientos. Ayudarles a ver que las enseñanzas de la Iglesia son una guía segura para una vida de fe y amor.

Resumen de la fe

- El sexto mandamiento es: "No cometerás adulterio". El noveno mandamiento es: "No desearás la mujer de tu prójimo".
- Respetamos, de pensamientos, palabras y obras, nuestro cuerpo y el cuerpo de otra persona.
- Ser fiel significa ser leal y decir la verdad.

REVIEW · TEST

Circle the letter beside the correct answer.

1. The sixth commandment is
   a. You shall not covet your neighbor's wife.
   b. You shall not commit adultery.
   c. You shall not lie.

2. To be faithful means to be
   a. friendly.
   b. loyal and true.
   c. sacred.

3. The ninth commandment is
   a. You shall not covet your neighbor's wife.
   b. You shall not commit adultery.
   c. You shall not lie.

4. Matrimony is a sacrament of
   a. service.
   b. healing.
   c. initiation.

5. How will you try to be a faithful friend?

   _____

   _____

FAITH ALIVE AT HOME AND IN THE PARISH

In this chapter your fourth grader learned the sixth and ninth commandments. It is never too early to lay a foundation for faithful adult love by teaching children how to be faithful to God, to oneself, to family, to friends, and to promises made. It is imperative that parents teach their children that sexuality is a great and beautiful gift of God's love.

When we truly cherish our bodies as temples of the Holy Spirit, we help young people to live the sixth and ninth commandments. Help them to see that the teachings of the Church will be a sure guide to a life of faithful and unselfish love.

Encourage your fourth grader to tell you immediately whether anyone suggests dishonoring or attempts to dishonor his or her body.

Faith Summary

- The sixth commandment is "You shall not commit adultery." The ninth commandment is "You shall not want to take your neighbor's wife or husband."

- We do not do anything to our own body or to another person's body that is disrespectful in thought or word or action.

- To be faithful means to be loyal and true to someone.

18 Compartiendo
Séptimo y décimo mandamientos

Dios de amor, ayúdanos a compartir con los necesitados.

Nuestra Vida

A Lucas le gustan mucho los aviones. Arma modelos y algunas veces va con su padre a ferias donde se vuelan aviones. Construyó un hermoso modelo para la feria de ciencia de la escuela. El estaba orgulloso de su trabajo hasta que un compañero llevó un modelo a control remoto y mostró como podía volar.

Lucas quería ese avión. El sabía que era muy caro para que su familia se lo comprara.

Al terminar la feria, Lucas vio el avión y el control remoto en el aula. Nadie estaba en los alrededores. El podía tomar el avión. ¿Quién lo sabría? Lucas nunca antes había robado. Pero quería ese avión.

Termina la historia. ¿Qué hizo Lucas? ¿Has deseado alguna vez algo que no es tuyo? ¿Cuál es la mejor manera de evitar esa tentación?

Compartiendo la Vida

Discutan las siguientes preguntas.

¿Por qué es malo robar?

¿Qué crees que Dios quiere que hagamos cuando somos tentados a robar?

¿Qué crees que Dios quiere que hagamos cuando otros no tienen las cosas necesarias para vivir?

18 Sharing Our Things
The Seventh and Tenth Commandments

Dear God, help us to share with people who are in need.

Our Life

Luke was crazy about planes. He made models and sometimes went to air shows with his dad. He made a beautiful model for his school's science fair. He was very proud of it until a classmate brought in a remote control plane and showed how it could fly.

Luke had never been so envious in his life. How he wanted that plane! He knew it was far too expensive for his family to afford.

After the fair, Luke saw the plane and the remote control in the classroom. No one was near. He could take the plane. Who would know? Luke had never stolen anything before. But he wanted that plane so much!

Finish the story. What did Luke do? Have you ever wanted something that was not yours? What is the best way to fight such a temptation?

Sharing Life

Discuss these questions together.

Why is it wrong to steal?

What do you think God wants us to do when we are tempted to steal?

What do you think God wants us to do when others do not have the things they need to live?

177

Nuestra Fe Católica

El séptimo y el décimo mandamiento

Cuando Dios creó al hombre le pidió cuidar de la creación. Somos responsables de todo lo que hay en nuestro ambiente. Debemos compartir los dones de la creación de Dios con otros.

Desde que nuestros primeros padres pecaron, las personas han sido egoístas, avaras y no han querido compartir. Algunos incluso han querido robar las pertenencias de su prójimo.

Por esa razón Dios nos dio el séptimo y el décimo mandamiento. El séptimo mandamiento es: "No robarás" (Exodo 20:15). El décimo mandamiento es: "No codicies la casa de tu prójimo... nada de lo que le pertenece" (Exodo 20:17).

Cada vez que robamos, quebrantamos el mandamiento de Dios. No tenemos derecho a tomar, dañar o destruir lo que pertenece a otro, aun cuando sepamos que nadie nos ve. Debemos compartir nuestras cosas con la gente menos afortunada que nosotros.

Los primeros cristianos aprendieron de Jesús como hacer la voluntad de Dios. Ellos debían vender sus posesiones y distribuir el dinero de acuerdo a las necesidades de todos. Hoy, la Iglesia Católica nos reta a ser fieles a las enseñanzas de Jesús. Que maravilloso sería si todos tuviéramos lo necesario y fuéramos tratados justamente. Cuando ayudamos a otros a tener lo necesario, estamos ayudando a llevar el reino de Dios de justicia y paz.

Our Catholic Faith

Seventh and Tenth Commandments

God told the first created people to care for his gift of creation. We are responsible for everything in our environment. We are to share God's gifts in creation with others.

Since the sin of our first parents, people have been selfish and greedy and have not wanted to share. At times they even have wanted to steal their neighbors' possessions.

That is why God gave us the seventh and tenth commandments. The seventh commandment is "You shall not steal" (Exodus 20:15). The tenth commandment is "You shall not covet your neighbor's house . . . nor anything else that belongs to him" (Exodus 20:17).

Each time we steal, we break God's commandment. We have no right to take or damage or destroy what belongs to another, even if we know we will not be caught. We must also share our things with people less fortunate than we are.

The first Christians learned from Jesus how to do God's loving will for us. They would sell their possessions and distribute the money according to the needs of all. Today the Catholic Church challenges us to be faithful to Jesus' teachings. How wonderful it would be if all people had what they needed and were treated fairly and justly. When we help others to have what they need, we are helping to bring about God's kingdom of justice and peace.

El séptimo y el décimo mandamiento nos recuerdan no hacer a propósito lo siguiente:

- robar cosas de los demás, o tomar algo sin permiso;
- deliberadamente romper o destruir la propiedad de otra persona y no repararla o reemplazarla;
- hacer trampa en los exámenes o copiar el trabajo de otro;
- dañar, rallar o embarrar la propiedad ajena;
- no cuidar de nuestras pertenencias;
- codiciar las cosas de los demás y ser egoístas con nuestras cosas;
- engañar o ser injustos con otros.

Algunos adultos hacen cosas en sus trabajos que van en contra del séptimo y décimo mandamiento:

- Roban cosas del lugar de trabajo o usan el teléfono todo el tiempo sin permiso para hacer llamadas personales. No les importa su trabajo o no trabajan por el tiempo que se les paga.

- Los empleadores no respetan a sus trabajadores cuando no les pagan justamente o no les ofrecen un lugar limpio y seguro para trabajar.

Cuando todos respetamos a los demás y sus pertenencias, estamos haciendo del mundo un lugar mejor. Mostramos que estamos viviendo para el reino de Dios.

VOCABULARIO

Avaricia es querer más de lo que le corresponde o no compartir su buena suerte con los otros.

The seventh and tenth commandments remind us not to do the following on purpose:

- steal things from others, or borrow things without permission;
- deliberately break or destroy other people's property without repairing or replacing it;
- cheat on tests or copy the schoolwork of another;
- damage, write on, or paint on anyone's property;
- fail to take care of our possessions;
- be greedy and selfish about the things that are ours;
- be unfair or cheat others out of what is rightfully theirs.

Sometimes adults do things at their jobs that are against the seventh and tenth commandments:

- They steal things from the workplace or use the telephone all the time without permission to make personal calls. They are careless in their work or do not work for the time they are paid to work.
- Employers do not respect their workers when they pay them unjustly or do not give them clean and safe workplaces.

When all of us respect others and their belongings, we make the world a better place. We show we are living for God's kingdom.

FAITH WORD

Greed is wanting more than one's fair share or not wishing to share one's good fortune with others.

Acercándote a la Fe

¿Qué dirás a cada una de las personas en las siguientes historias?

A Juan y a sus amigos les gusta pintar las paredes en frente de las tiendas. Ellos dicen: "Es divertido y nunca nos ven".

Diana dice: "Todo el mundo hace trampa. La maestra no puede vernos a todos. Además, tengo buenas notas. ¿Quién se perjudica?"

María ve las fotos de las familias sin hogar en la TV. Ella dice que no puede hacer nada para ayudarlos. "Viven tan lejos. No es mi problema", dice.

Viviendo la Fe

He aquí una forma real y práctica de cumplir el séptimo y el décimo mandamiento. Decide con tus compañeros lo que pueden hacer para ayudar a un niño que no tiene hogar. Escribe tus ideas en estas rayas y luego compártelas y escribe un plan.

_____
_____
_____
_____

COMING TO FAITH

What would you say to each person in the following stories?

Jon and his friends like to spray paint pictures and words on walls and storefronts. "It's fun," they say, "and we never get caught."

"Everyone cheats," Dana says. "The teacher can't watch all of us. Besides, I'm getting good grades. Who gets hurt?"

Meg sees the pictures of the homeless families on TV. She tells you that she cannot do anything to help them. She says, "They live so far away. It's not my problem."

PRACTICING FAITH

Here is a very real and practical way to keep the seventh and tenth commandments. Decide what you can do together to help homeless children. Write your ideas below, then share them and come up with a group plan.

_____

_____

_____

_____

183

REPASO

Encierra en un círculo la letra al lado de la respuesta correcta.

1. El séptimo mandamiento nos enseña a no
   a. mentir.
   b. matar.
   c. cometer adulterio.
   d. robar.

2. Dios nos creó para
   a. compartir nuestras cosas.
   b. evitar a los desamparados.
   c. tomar lo que pertenece a otros.
   d. ser egoístas.

3. El décimo mandamiento nos enseña a no codiciar las _____ de nuestro prójimo.
   a. mujer
   b. posesiones
   c. vida
   d. nombre

4. Avaricia es
   a. prometer dinero a alguien.
   b. esperar más de lo que nos corresponde.
   c. no respetar.
   d. tratar a alguien injustamente.

5. ¿Cómo vas a mostrar respeto por las cosas de la escuela?

   _____

   _____

FE VIVA

EN EL HOGAR Y EN LA PARROQUIA

En este capítulo los niños aprendieron acerca del séptimo y el décimo mandamiento. Estos mandamientos nos enseñan a respetar las posesiones y los derechos de los demás, la justicia y la equidad. Además, nos recuerdan cuidar de las buenas cosas que Dios nos ha dado. Estos mandamientos reflejan la profunda responsabilidad social que nuestra fe cristiana nos da para actuar justamente.

Vivimos en un mundo al que podemos llamar una sociedad de "desperdicio". Los jóvenes necesitan aprender a no desperdiciar. Si siguen el ejemplo de Jesús y las enseñanzas de la Iglesia, aprenderán a valorar los derechos de los demás y a tener la perspectiva correcta de las cosas materiales y las posesiones. De esta manera no harán de las cosas materiales el centro de sus vidas.

Resumen de la fe

- El séptimo mandamiento es: "No robarás". El décimo mandamiento es: "No codiciarás los bienes ajenos".
- Somos responsables del don de la creación de Dios.
- Debemos compartir con las personas menos afortunadas que nosotros.

REVIEW · TEST

Circle the letter beside the correct answer.

1. The seventh commandment teaches us not to
   a. lie.
   b. kill.
   c. commit adultery.
   d. steal.

2. God created us to
   a. share our good things.
   b. avoid the homeless.
   c. take what belongs to others.
   d. keep what we have for ourselves.

3. The tenth commandment teaches us not to want to take our neighbor's
   a. wife.
   b. possessions.
   c. life.
   d. name.

4. Greed is
   a. promising someone money.
   b. wanting more than one's share.
   c. showing disrespect.
   d. treating someone unfairly.

5. How will you show you respect school property?

   _____
   _____

FAITH ALIVE — AT HOME AND IN THE PARISH

In this chapter your fourth grader has learned about the seventh and the tenth commandments. These commandments teach us to respect the possessions of others and the right of others to justice and equality. In addition, they remind us to care for the good things God has given us. These commandments reflect the profound social responsibility that our Christian faith gives us to act justly.

We live in a world that can be called a "throw-away" society. Young people need to learn not to waste things. If they follow the example of Jesus and the teachings of the Church, they will learn to value the rights of others and to have the right perspective on material goods and possessions. In this way they will never make these things the center of their lives.

Faith Summary

- The seventh commandment is "You shall not steal." The tenth commandment is "You shall not covet your neighbor's house . . . nor anything else that belongs to him."
- We are responsible for God's gift of creation.
- We must share with people less fortunate than ourselves.

19 Viviendo para decir la verdad
El octavo mandamiento

Oh Dios, permite que digamos la verdad y seamos sinceros en todo lo que hacemos y decimos.

Nuestra Vida

Había una vez un emperador que pidió le cosieran nueva ropa. Los sastres no querían que el emperador los castigara si la ropa no era bonita. Así que pretendieron tener un material especial que sólo gente "inteligente" podía ver, la gente común no podía verlo porque era realmente invisible. El emperador creyó la historia y les pidió hacerle la ropa con el maravilloso material.

Cuando los sastres dijeron que la ropa estaba terminada el emperador la "usó" en un desfile. La gente con miedo de ofender al emperador gritó: "¡Qué linda es la nueva ropa del emperador!" Un niño exclamó: "El emperador está desnudo".

¿Por qué todos hicieron creer que veían la nueva ropa del emperador?

¿Es difícil para ti algunas veces decir la verdad? Habla sobre eso.

Compartiendo la Vida

Discute con tus amigos estas preguntas.

¿Por qué algunas personas algunas veces mienten?

¿Cómo el decir y vivir la verdad nos ayuda a ser libres?

19 Living and Telling the Truth
The Eighth Commandment

O God, make us true and sincere in all we say and do.

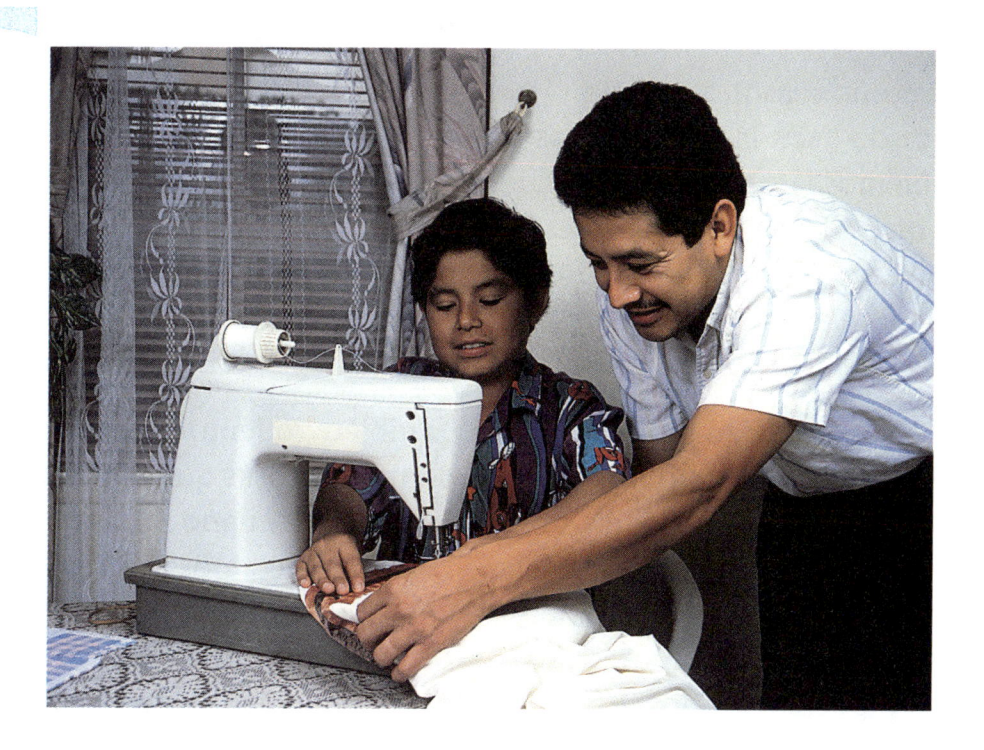

Our Life

Once upon a time an emperor ordered a set of new clothes. The tailors did not want the emperor to punish them because the clothes they made were not beautiful enough. So they pretended to have special material that only "intelligent" people could see; ordinary people could not see it because it was really invisible. The emperor believed their story and asked them to make robes for him out of this wonderful material.

When the tailors said the robes were finished, the emperor "wore" them in a parade. The people, afraid to offend the emperor, shouted, "How beautiful the emperor's new robes are!" But a small child cried, "Mother, the emperor has no clothes!"

Why did everyone pretend to see the emperor's new robes?

Do you sometimes find it hard to tell the truth? Tell about it.

Sharing Life

Discuss these questions together.
Why do people sometimes tell lies?

How can telling and living the truth help us to be free?

NUESTRA FE CATOLICA

El octavo mandamiento

El octavo mandamiento que Dios dio a Moisés fue: "No dirás falso testimonio ni mentirás" (Exodo 20:16).

Dar falso testimonio significa mentir. Mentir significa no decir la verdad. Dios quiere que hablemos la verdad acerca de nosotros y de otros. Dios también quiere que siempre vivamos la verdad. Vivimos la verdad haciendo la amorosa y vivificante voluntad de Dios.

Jesús siempre vivió la verdad en lo que dijo e hizo. El nos dijo: "Si guardan siempre mi palabra; entonces conocerán la verdad y la verdad los hará libres" (Juan 8:31–32). Cuando vivimos como discípulos de Jesús, llenos de amor, somos verdadero pueblo de Dios. Vivir la verdad como discípulos de Jesús es la mejor libertad.

Si nuestros corazones no están llenos de amor, no seremos amables y algunas veces mentiremos. Si decimos la verdad, la gente sabrá que puede confiar en nosotros. Esto ayuda a nuestras familias y vecindarios a ser comunidades de justicia y paz.

Algunas veces mentimos acerca de cosas que hemos hecho. Quizás no queremos tomar responsabilidad de nuestras acciones. Quizás tenemos miedo al castigo. Otras veces mentimos o exageramos acerca de cosas que hemos hecho o que podemos hacer. Queremos que los demás piensen que somos importantes, o mejores que los demás.

Algunas veces mentimos acerca de otros. Quizás por envidia o porque no nos caen bien. Inventamos una historia para hacerlos sentir mal. Herimos a la gente cada vez que chismeamos acerca de ellos.

También podemos herir a alguien contando cosas que deberíamos callar. Esto sucede cuando chismeamos o contamos secretos acerca de alguien, cosas que van a herir a esa persona si otros se enteran. El octavo mandamiento nos enseña que es malo hasta usar la verdad si eso hiere a otro. Todo el que destruye la reputación de otra persona debe reparar el daño hecho.

Our Catholic Faith

The Eighth Commandment

The eighth commandment that God gave Moses was "You shall not bear false witness against your neighbor" (Exodus 20:16).

To bear false witness means to lie. To lie means not to tell the truth. God wants us to speak the truth about ourselves and others. God also wants us to live the truth at all times. We live the truth by always doing God's loving and life-giving will for us.

Jesus always lived the truth in what he said and did. He told us, "If you remain in my word, you will truly be my disciples, and you will know the truth, and the truth will set you free" (John 8:31–32). When we live as disciples of Jesus, full of love, we are God's truthful people. To live the truth as disciples of Jesus is the best kind of freedom.

If our hearts are not filled with love, then we will speak unkindly and sometimes even lie. If we tell the truth, people will know they can trust us. This helps our families and neighborhoods to be communities of justice and peace.

Sometimes we lie about things we have done. We may not want to take responsibility for our actions. We may be afraid of being punished. At other times we lie or exaggerate about something we have or can do. We want others to think we are important, or "big shots."

Sometimes we lie about other people. Maybe we are jealous of them or do not like them. We make up a story that makes them look bad. We harm people each time we spread a lie about them.

We can also hurt someone by telling things about which we should be silent. This happens when we gossip or tell private or secret things about someone, things that would hurt that person if others found out. The eighth commandment teaches us that it is wrong to use even the truth to hurt others. Anyone who destroys another person's reputation must repair the damage done.

Por otro lado, la gente puede pedirte guardar un secreto acerca de algo malo que han hecho. No debemos prometer mantener ese tipo de secreto. Necesitamos hablar con nuestros padres, un maestro o un sacerdote, porque mantener ese tipo de secreto puede herir a otras personas.

Si alguien está bebiendo o usando drogas, necesita ayuda. Mantener ese tipo de secreto puede llevar a serios problemas a alguien que está haciendo algo malo. En ese caso, es mejor decir la verdad a alguien que pueda ayudar.

Podemos siempre elegir decir la verdad, sin importar lo difícil que sea. El Espíritu Santo nos ayuda a decir y a vivir la verdad. La elección es nuestra. Si pedimos, Dios Espíritu Santo, siempre nos dará el valor que necesitamos para decir la verdad. El Espíritu Santo nos ayudará a seguir las huellas de Jesús, quien dijo: "Yo soy el camino, la verdad y la vida" (Juan 14:6).

Una persona que tiene el valor de decir que vive la verdad es un verdadero discípulo de Jesucristo. Esa persona también tendrá el valor de hablar y vivir para el reino de justicia y paz de Dios.

On the other hand, people might ask us to keep a secret about something bad that they are doing. We should not promise to keep such secrets. We need to speak to a parent, a teacher, or a priest, because keeping such secrets can hurt people.

If someone is drinking or taking drugs, he or she needs help. Keeping this a secret can lead the one who is doing something so harmful into serious trouble. In such cases, it is far more loving to tell the truth to someone who can help.

We can always choose to be truthful, no matter how difficult it is. The Holy Spirit helps us to tell and live the truth.

The choice is ours. If we ask, God the Holy Spirit will always give us the courage we need to be truthful. The Holy Spirit will help us follow the way of Jesus, who said, "I am the way and the truth and the life" (John 14:6).

A person who has the courage to tell and live the truth is a true follower of Jesus Christ. Such a person will also have the courage to speak out and further God's kingdom of justice and peace.

Acercándote a la Fe

Basándote en el octavo mandamiento, explica lo que harías o dirías a las personas en estas historias.

Justino tiene problema con la lectura. Después de clases va a una clase especial para aprender a leer mejor. Un día durante el recreo, Rodolfo te dijo que él se enteró que Justino tiene que ir a una clase "más baja". Rodolfo quiere decir eso a todo el mundo. Cuando le dices que eso está mal él te dice: "Bueno, esa es la verdad, ¿no?"

María te dice que ella hace muchos amigos todos los días en el parque. Ellos le dan pastillas que la hacen sentir bien y contenta. Ella te pide que no lo digas a nadie.

Cristian está celoso de José porque es mejor en deporte. Un día, el director anunció que una ventana del gimnasio fue rota. Cristian le dice a todo el mundo que el vio a José romper la ventana. No es verdad pero ahora toda la escuela piensa que José la rompió. Cristian dice que él sólo estaba bromeando.

Viviendo la Fe

Un día una persona que había estado hablando mentiras de otra persona dijo a San Francisco de Sales lo que había hecho. Francisco le dijo que vaciara una almohada de plumas grande por la ventana y luego recogiera todas las plumas. La persona dijo que eso era imposible de hacer. El santo le dijo que era tan imposible como restablecer la buena reputación de la persona de quien había mentido.

¿Qué harás para ser una persona más veraz?

¿Qué harás cuando quieras chismear de alguien o cuando oigas algún chisme?

COMING TO FAITH

Knowing the eighth commandment, tell what you would do or what you would say to the people in these stories.

Justin has problems reading. After school he goes to special classes to learn to read better. One day at recess, Ryan tells you he found out that Justin has to go to the "slow class." Ryan wants to tell everyone. When you say it would be wrong, he answers, "Well, it's the truth, isn't it?"

Samantha tells you that she meets friends in the park each day. They give her pills that make her feel relaxed and happy. She asks you not to tell anyone.

Chris is very jealous of José, who is better in sports. One day, the principal announces that a gym window has been broken. Chris tells everyone that he saw José do it. This is not true, but now the whole school thinks José broke the window. Chris tells you that he was only fooling.

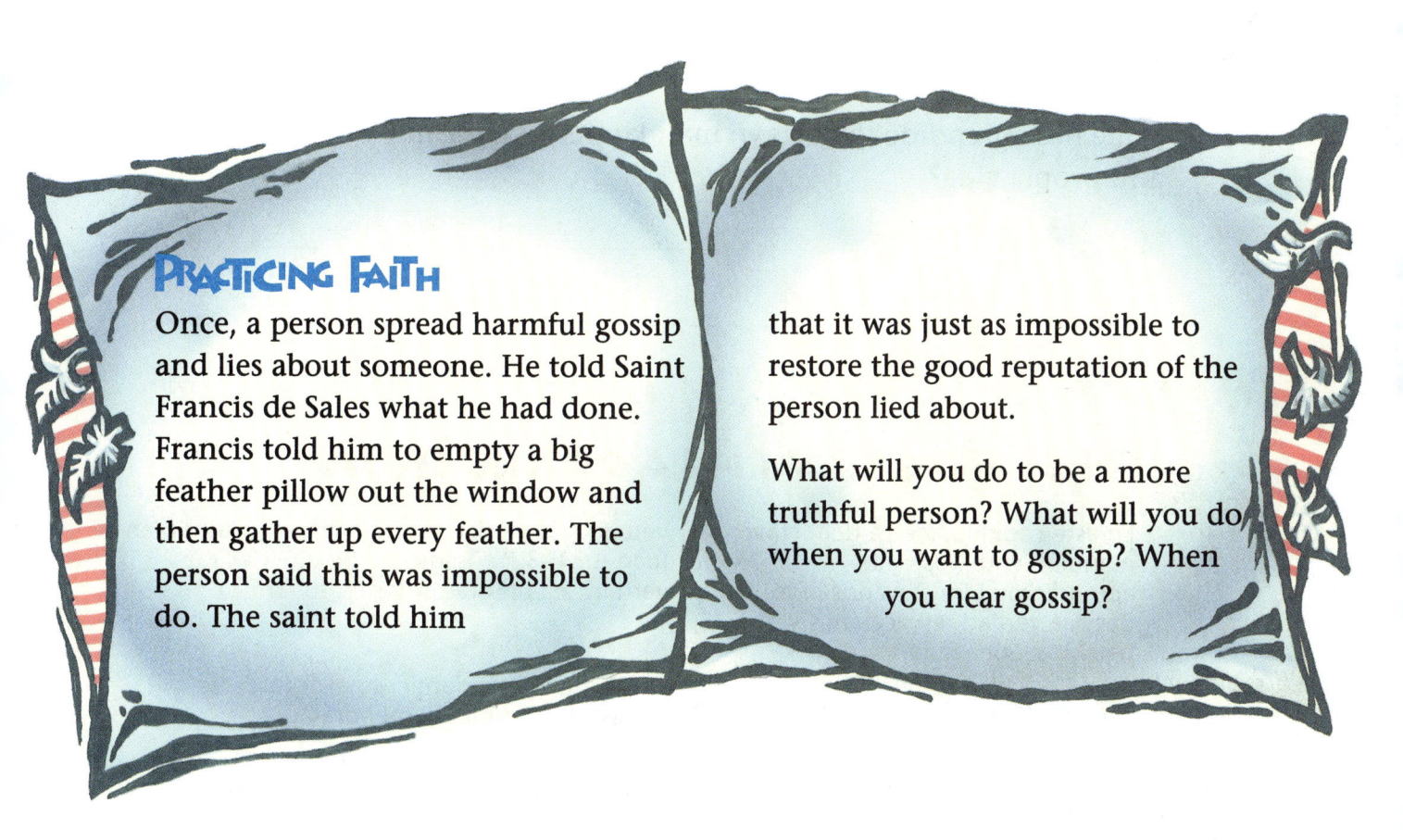

PRACTICING FAITH

Once, a person spread harmful gossip and lies about someone. He told Saint Francis de Sales what he had done. Francis told him to empty a big feather pillow out the window and then gather up every feather. The person said this was impossible to do. The saint told him that it was just as impossible to restore the good reputation of the person lied about.

What will you do to be a more truthful person? What will you do when you want to gossip? When you hear gossip?

REPASO

Encierra en un círculo la letra al lado de la respuesta correcta.

1. El octavo mandamiento es no
   - a. robarás.
   - b. cometerás adulterio.
   - c. mentirás.
   - d. matarás.

2. Si decimos la verdad los demás podrán
   - a. confiar en nosotros.
   - b. temernos.
   - c. evitarnos.
   - d. chismear de nosotros.

3. Vivimos la verdad
   - a. evitando ser castigados.
   - b. haciendo creer que somos importantes.
   - c. haciendo la voluntad de Dios.
   - d. evitando los problemas.

4. Debemos guardar un secreto si
   - a. es algo malo.
   - b. protegemos la integridad de alguien.
   - c. es una mentira.
   - d. es un problema.

5. ¿Qué has aprendido del octavo mandamiento para aplicar a tu propia vida?

   _____

   _____

FE VIVA

EN EL HOGAR Y EN LA PARROQUIA

En este capítulo acerca del octavo mandamiento, los niños aprendieron que Dios nos pide decir la verdad, en acciones y palabras. Somos llamados a corregir cualquier falsedad que hayamos iniciado para proteger la reputación de otros.

Decir la verdad demuestra nuestra preocupación por otros y nuestro amor por el prójimo. Nos ayuda a conocer la verdadera libertad de los hijos de Dios quienes son guiados por el Espíritu de verdad. Jesús mismo dijo: "Si obedecen mis enseñanzas serán verdaderamente mis discípulos, conocerán la verdad y la verdad los hará libres" (basado en Juan 8:31–32). Asegúrese de que decir la verdad sea un gran valor en su familia.

Resume de la fe

- El octavo mandamiento es "No darás falso testimonio ni mentirás".
- Este mandamiento nos enseña que es malo mentir, decir los secretos ajenos o chismear.
- Una persona que tiene el valor de decir y vivir la verdad es un verdadero discípulo de Jesucristo.

REVIEW · TEST

Circle the letter beside the correct answer.

1. The eighth commandment is
   a. You shall not steal.
   b. You shall not commit adultery.
   c. You shall not tell lies.
   d. You shall not kill.

2. If we tell the truth, others will know they can
   a. trust us.
   b. fear us.
   c. avoid us.
   d. gossip about us.

3. We live the truth by
   a. avoiding being punished.
   b. making ourselves look important.
   c. doing God's will.
   d. not getting into trouble.

4. We should keep a secret if it is
   a. something bad.
   b. to protect someone's reputation.
   c. a lie.
   d. a problem.

5. What have you learned about the eighth commandment for your own life?

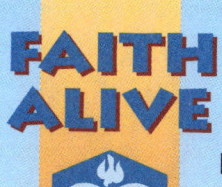

   _____

   _____

FAITH ALIVE AT HOME AND IN THE PARISH

In this chapter on the eighth commandment, your fourth grader learned that God calls us to be truthful with others, both in our words and in our actions. We are called to correct any falsehood we may have started so as to protect the reputation of others.

Telling the truth demonstrates our concern for others, our love for our neighbor. It enables us to know the true freedom of God's children who are guided by the Spirit of truth. Jesus himself tells us, "If you remain in my word, you will truly be my disciples, and you will know the truth, and the truth will set you free" (John 8:31–32). Make truth-telling a major value in your family.

Faith Summary
- The eighth commandment is "You shall not tell lies against your neighbor."
- This commandment teaches us that it is wrong to lie, to tell someone's secrets, or to gossip.
- A person who has the courage to tell and live the truth is a true disciple of Jesus Christ.

20 Preparándonos para la Cuaresma

Oh Dios, dame la fuerza de cambiar lo que puedo

Nuestra Vida

Había una vez un pequeño gusano que pensaba era la más fea de todas las criaturas en el mundo. Estaba cubierto de pelusas y era verde. Cuando vio su reflejo en el agua del estanque, vio sus seis ojos, seis pies, y todas las pelusas.

Un día se acurrucó y se fue a dormir. Mientras dormía muchos cambios sucedieron.

Después de muchas semanas, el pequeño gusano despertó. Se vio a sí mismo cubierto por un tibio capullo. Empujó y empujó hasta que un lado del capullo se rompió. Entonces salió.

Se miró en el agua del estanque y vio el reflejo de una hermosa mariposa. "Oh, ¡mira que hermosa mariposa! Tiene dos alas de color azul y dorado", pensó el gusano tristemente: "¡Cómo me gustaría ser así!".

Cuando trató de levantar una de sus patas para limpiar sus lágrimas, exclamó" "¿Qué es esto?" Una hermosa ala color azul y dorado se movió frente a sus ojos. "¡Soy yo! Me he convertido en una hermosa mariposa".

Ahora la mariposa que había sido el gusano más feo del mundo, empezó a volar. Voló de flor en flor.

¿Cómo crees que se sintió la mariposa?

Compartiendo la Vida

Discute las siguientes preguntas:

¿Cómo puede la gente cambiar para hacer su vida más hermosa?

¿Cuáles cambios puedes hacer ahora?

¿Cómo quiere Jesús que cambiemos?

20 Preparing for Lent

O God, give me the strength to change what I should change.

Our Life

Once there was a little caterpillar who thought she was the ugliest creature in the whole world. She was fuzzy and green. When she looked at her reflection in a puddle of water, she saw her six tiny eyes, six tiny legs, and all that fuzzy hair.

One day she curled up and went to sleep. As she slept, many changes took place.

After many weeks, the little caterpillar woke up. She found herself surrounded by a warm, soft cocoon. She pushed and pushed until the side of the cocoon broke open. Then she pulled herself out.

She looked in a puddle of water and saw the reflection of a beautiful butterfly. "Oh," thought the little caterpillar, "look how beautiful that butterfly is! It has two beautiful wings of blue and gold." The little caterpillar sighed and thought, "Oh, how I wish I looked like that." She was so sad.

As she raised her little caterpillar foot to wipe away her tears, she thought, "What's this?" A beautiful blue and gold wing had moved in front of her eyes. "It's me!" she realized. "I've turned into a beautiful butterfly!"

Then the butterfly, which had once been the ugliest caterpillar in the world, began to fly. She flew from flower to flower.

How do you think the butterfly felt?

Sharing Life

Discuss these questions together.

How can people change to make their lives more beautiful?

What changes can you make right now?

How does Jesus want us to change?

Nuestra Fe Católica

Tiempo para cambiar

El tiempo de Cuaresma es un tiempo para cambiar y crecer. Es como el tiempo de primavera, cuando los capullos se abren y las flores empiezan a salir. Es tiempo para nuevos comienzos. Tratamos con más tesón de crecer en nuestra fe católica y ser mejores discípulos de Jesucristo. Nos preparamos para la mayor celebración del año de la Iglesia, la Pascua de Resurrección.

Durante la Cuaresma recordamos las promesas del Bautismo. Nos reunimos de manera especial con los que se están preparando para recibir el Bautismo y los demás sacramentos de iniciación: Confirmación y Eucaristía, durante la Pascua de Resurrección.

La Cuaresma es tiempo para mejorar nuestra manera de vivir como pueblo de Dios. Tenemos que aprender a ser generosos. Jesús dijo a sus discípulos: "El que quiera seguirme, que renuncie a sí mismo, cargue su cruz y que me siga".
Mateo 16:24

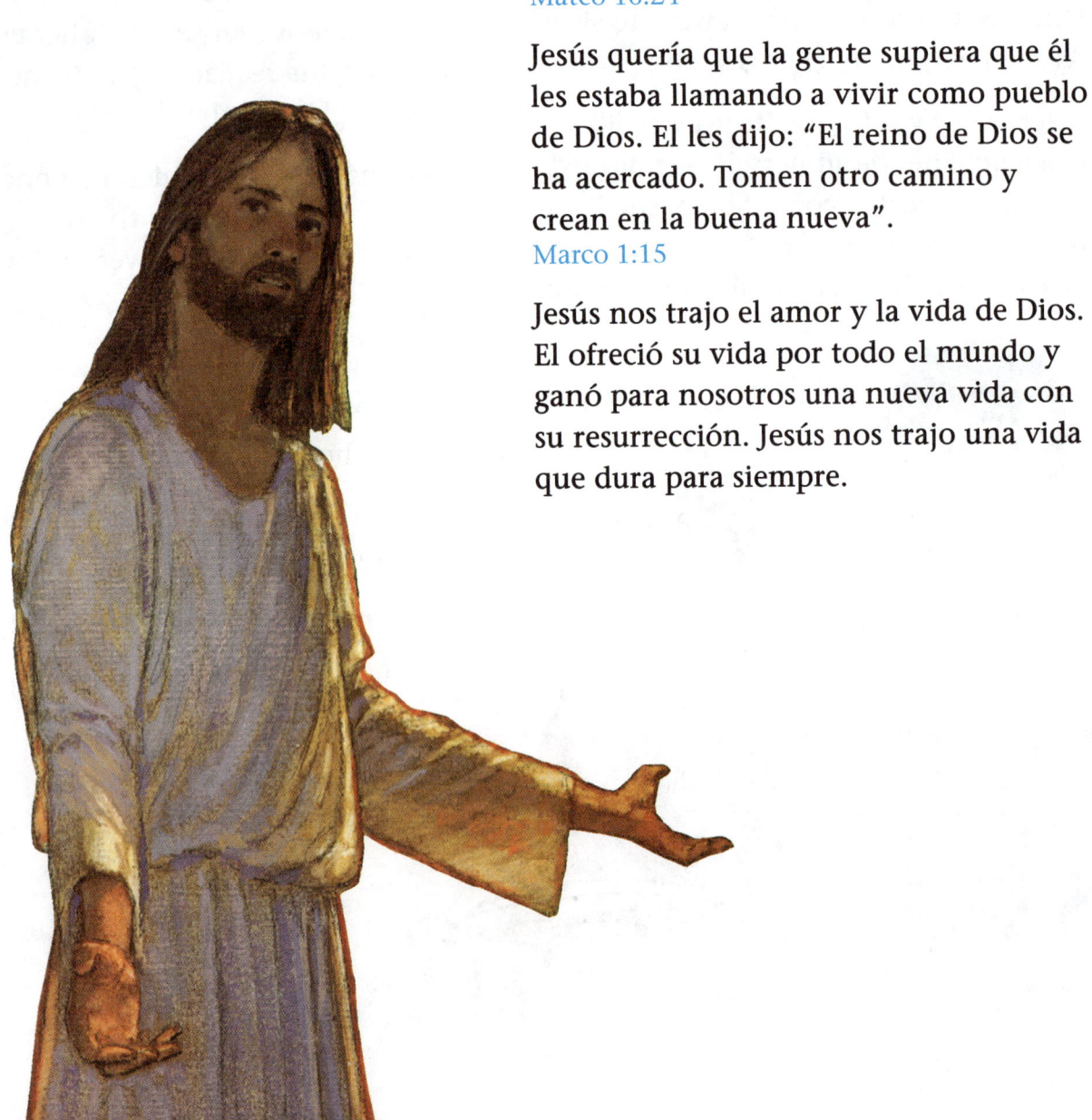

Jesús quería que la gente supiera que él les estaba llamando a vivir como pueblo de Dios. El les dijo: "El reino de Dios se ha acercado. Tomen otro camino y crean en la buena nueva".
Marco 1:15

Jesús nos trajo el amor y la vida de Dios. El ofreció su vida por todo el mundo y ganó para nosotros una nueva vida con su resurrección. Jesús nos trajo una vida que dura para siempre.

Our Catholic Faith

A Time for Change

The season of Lent is a time of change and growth. It is like springtime, when cocoons burst open and flowers begin to bud. It is a time for new beginnings. We try even harder to grow in our Catholic faith and to be better disciples of Jesus Christ. We prepare for the greatest celebration of the Church year, Easter.

During Lent we remember the promises of Baptism. We join in a special way with those who are preparing to be baptized at Easter and those who will receive the other sacraments of initiation, Confirmation and Eucharist.

Lent is a time for improving the way all of us live as God's people. We have to learn to be generous. Jesus told his disciples, "Whoever wishes to come after me must deny himself, take up his cross, and follow me."
Matthew 16:24

Jesus wanted the people to know that he was calling them to live as God's people. He told them: "The kingdom of God is at hand. Repent, and believe in the gospel."
Mark 1:15

Jesus brought us God's love and life. He offered up his life for the whole world and won for us the new life of his resurrection. Jesus brought us life that lasts forever.

Tiempo de preparación

Todos los años durante la Cuaresma, nos preparamos para celebrar la resurrección de Jesús, recordando su vida y muerte. Recordamos que con su muerte y resurrección Jesús ganó nueva vida para nosotros.

Mientras nos preparamos durante estos cuarenta días de cuaresma, recordamos que somos parte de la muerte y resurrección de Jesús. Por nuestro Bautismo, hemos dado muerte al pecado y se nos ha dado la vida misma de Dios en Jesucristo.

Nos preparamos para la Pascua de Resurrección en muchas formas, haciendo buenas obras y rezando, especialmente por los que serán bautizados en Pascua. Tratamos de cambiar la forma en que vivimos, aun cuando fallemos de vez en cuando. Continuamos tratando de ser mejores católicos.

- Hacemos sacrificios cuando dejamos de hacer algo que nos gusta. La Cuaresma es buen momento para renunciar a cosas que no necesitamos, por ejemplo, comer caramelos, ver televisión.

- Hacemos buenas obras cuando ayudamos a otros. Mucha gente ofrece el dinero de los caramelos que no comió para ayudar a los necesitados. Mucha gente hace eso todo el año.

- Rezamos un poco más durante la Cuaresma. Rezamos diariamente el vía crucis o el rosario.

Acercándote a la Fe

Todo el mundo tiene algo difícil o triste que enfrentar en la vida. Nada es tan difícil como la cruz que cargó Jesús. Pero aún así hay cosas que pueden ser difíciles para nosotros. ¿Cuál es la cruz difícil que cargas? Quizás una enfermedad. Quizás tienes problemas en tu hogar o con un amigo. Quizás tienes un problema que te impide actuar de la mejor forma.

¿Qué crees que Jesús quiso decir cuando le dijo a sus discípulos que cargaran con su cruz y le siguieran?

Escribe aquí como tratarás de llevar tu cruz esta Cuaresma.

A Time for Preparation

Each year during Lent, we prepare to celebrate Jesus' resurrection by remembering his life and death. We remember that it was through his death that Jesus entered into his resurrection and won new life for us.

As we prepare ourselves during the forty days of Lent, we remember that we have become part of Jesus' death and resurrection. By our Baptism, we have died to sin and have been given God's own life in Jesus Christ.

We prepare for Easter in many ways—by doing good works and by praying especially for those who will be baptized at Easter. We try to change the way we live our lives, even though we might fail from time to time. But always we continue to try and be better Catholics.

- We make sacrifices when we give things up. Lent is a good time for giving up things we do not need—for example, candy or watching TV.

- We do good works when we help other people. Many people give the money they save on candy and snacks to help the needy. Some people do this all year long.

- We take extra time for prayer during Lent. We pray the stations of the cross or the rosary every week.

Coming to Faith

Everyone has something hard or sad to face in life. Nothing is as difficult as the cross that Jesus had to bear. Still some things in life can be difficult for us. What is your difficult cross to bear? Perhaps it is an illness. Perhaps you have trouble at home or with friends. Maybe you have a problem that is keeping you from being your best self.

What do you think Jesus meant when he said that his followers should carry their cross and follow him?

Write how you can try to carry your cross this Lent.

Viviendo la Fe

Una celebración de Cuaresma

Empiecen cantando una canción

Oración inicial

Todos: Jesús, en esta Cuaresma, ayúdanos a crecer en nuestro amor por ti y por los demás. Ayúdanos a crecer en la nueva vida que nos has dado.

Lector: Lectura del libro del profeta Oseas (2:23–25).

Dios dijo: "En ese día, palabra de Yavé, escucharé a los cielos y ellos atenderán a la tierra. La tierra responderá al trigo, al vino y al aceite. . . yo diré . . . Tú eres mi pueblo".

Palabra de Dios.

Todos: Te alabamos, Señor.

Lector: Lectura del evangelio según Juan (12:24, 26).

Jesús dijo: "Si el grano de trigo no cae en tierra y muere queda solo, pero si muere, da mucho fruto. . . El que quiera servir que me siga . . ."

Palabra del Señor.

Todos: Gloria a ti, Señor Jesús.

Oración en acción

Guía: Recibirás una semilla y un tarrito con tierra. Mientras siembras la semilla escucha estas palabras. Piensa como quieres prepararte durante la Cuaresma para compartir la nueva vida de Jesús.

Jesús, dijiste que a menos que la semilla muera, no producirá otras semillas. Durante esta Cuaresma, Jesús ayúdame a "morir" también:

- ser egoísta;
- decir cosas que hieran a otros;
- hacer cosas que hieran a otros;
- ser injusto con otros.

Jesús, haz que tu nueva vida crezca en mí para que pueda:

- ser más amable;
- preocuparme por los demás;
- decir y hacer cosas amables;
- trabajar por la paz.

Canten una canción para terminar

Practicing Faith
A Lenten Celebration

Opening Song

Sing to the tune of "Kumbayah."

Lent is a time to change and grow.
Here we are Lord, help us know,
How to be your disciples true.
Oh, Jesus we follow you.

Opening Prayer

All: Jesus, this Lent, help us grow in our love of you and others. Help us to grow in the new life you have given us.

Reader: A reading from the book of the prophet Hosea (2:23–25).
"On that day I will respond, says
   the Lord;
  I will respond to the heavens,
  and they shall respond to the earth;
The earth shall respond to the grain,
   and wine, and oil, . . .
I will say . . . 'You are my people'."

The word of the Lord.

All: Thanks be to God.

Reader: A reading from the holy gospel according to John (12:24, 26).
Jesus says, "Unless a grain of wheat falls to the ground and dies, it remains just a grain of wheat; but if it dies, it produces much fruit. Whoever serves me must follow me...."

The gospel of the Lord.

All: Praise to you, Lord Jesus Christ.

Prayer Action

Leader: You will receive a seed and a cup filled with dirt. As you plant the seed, listen to these words. Think how you want to prepare yourself during Lent to share in Jesus' new life.

Jesus, you said that unless a seed dies, it does not produce other seeds. During Lent, Jesus, help me to "die" to:

- being selfish;
- saying things that hurt others;
- doing things that hurt others;
- being unfair to others.

Jesus, help your new life to grow in me so that I may:

- become more loving;
- care for others;
- say and do loving things;
- be a peacemaker.

Closing Hymn

Sing to the tune of "Kumbayah."

Jesus, help us to prepare
And please lead us to be aware
Of your new life that grows in us.
Loving Jesus, we do trust.

REPASO

Llena el espacio en blanco con la palabra correcta.

1. La Cuaresma tiene _____ días.

2. Durante la Cuaresma nos preparamos para la celebración de _____.

3. Nos preparamos para la Pascua haciendo _____ obras.

4. Durante la Cuaresma tratamos de ser mejores _____ de Jesucristo.

5. Explica algo que quieres cambiar durante esta Cuaresma.

   _____

   _____

FE VIVA

EN EL HOGAR Y EN LA PARROQUIA

En esta lección los niños aprendieron que la Cuaresma es un tiempo de renovación espiritual, de preparación para los sacramentos de iniciación de los catecúmenos de nuestra parroquia. Por medio de la oración, el ayuno y las buenas obras, reflexionamos en el significado de nuestras vidas y la salvación que el sufrimiento, muerte y resurrección de Jesús ganó para nosotros.

Las lecturas de la Escritura durante la Cuaresma nos ayudan a mirar nuestras promesas bautismales para rechazar el pecado y vivir como discípulos de Jesucristo. Somos retados a revisar los patrones pecaminosos de nuestras vidas y a renovar nuestro compromiso de cambiar nuestras vidas.

Recuerde que al ser bautizados en la pasión, muerte y resurrección de Jesús, se nos permite compartir la misma vida de Dios.

Resumen de la fe

- Cuaresma es un tiempo de preparación para la Pascua de Resurrección.

- Nos preparamos para la Pascua de Resurrección, rezando, ayunando y haciendo buenas obras.

REVIEW · TEST

Fill in the blanks to complete the statements.

1. There are _____ days in Lent.

2. During Lent, we prepare for the celebration of _____.

3. We prepare for Easter by _____ and good works.

4. During Lent we try harder to become better _____ of Jesus Christ.

5. Tell one way you want to change during Lent.

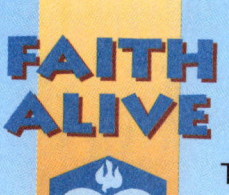

_____

_____

FAITH ALIVE AT HOME AND IN THE PARISH

This lesson deepened your fourth grader's understanding of Lent as a time to prepare for Easter. Lent is a time of spiritual renewal, of preparation for the sacraments of initiation by the catechumens of our parish. Through prayer, fasting, and good works, we reflect on the meaning of our lives and on the salvation that the suffering, death, and resurrection of Jesus gained for us.

The Lenten Scripture readings help us focus on our baptismal promise to reject sin and to live as disciples of Jesus Christ. We are challenged to review the patterns of our lives that are sinful and to renew our commitment to change our lives.

We remember that by being baptized into the passion, death, and resurrection of Jesus, we have been made sharers in God's own life.

Faith Summary
- Lent is a time of preparation for Easter.
- We prepare for Easter by prayer, fasting, and good works.

21 Celebrando la Pascua de Resurrección

Aleluya, Jesús ha resucitado

Nuestra vida

Drama de pascua

Narrador: Al inicio del drama dos personas caminan en una calle de tierra.

Primera persona: Nunca pensé que esto iba a pasar. Todos querían tanto a Jesús.

Segunda persona: Te entiendo. No lo podía creer cuando me dijeron que habían arrestado a Jesús.

Primera persona: ¿Lo viste cuando le obligaron a cargar la cruz?

Segunda persona: Seguía pensando que algo pasaría, que alguien diría: "Paren, Jesús no puede ser crucificado".

Primera persona: Le escuché decir cuando lo clavaban: "Padre, perdónales. Ellos no saben lo que hacen".

Segunda persona: Pero él está con nosotros. El ha resucitado de la muerte como lo había prometido.

Primera persona: Muchos de mis amigos ya lo vieron. Algunos se han sentado con él en la mesa y le han visto partir el pan.

Narrador: Los amigos de Jesús regresaron a sus casas en Jerusalén. Ahí encontraron a los discípulos de Jesús reunidos. Todos decían:

Todos: ¡Jesús ha resucitado! ¡Jesús ha resucitado! ¡Aleluya!

Compartiendo la vida

¿Qué aprendiste de los dos amigos de Jesús?

¿Por qué es la Pascua de Resurrección tan importante para los cristianos?

¿Por qué debemos estar contentos durante la Pascua de Resurrección?

Cristo Resucitó

21 Celebrating Easter

Alleluia! Jesus is risen!

Our Life

An Easter Play

Narrator: As our play begins, two people are walking together down a dusty road.

First Person: I never thought it would happen. Everyone loved Jesus so much.

Second Person: I know what you mean. I couldn't believe it when they told me that Jesus had been arrested.

First Person: Did you see him when they made him carry the cross?

Second Person: I kept thinking that something would happen, that someone would say, "Stop! Jesus should not be crucified!"

First Person: I heard him say, "Father, forgive them, they know not what they do," as they raised him on the cross.

Second Person: But now he is with us again. He has risen from the dead as he promised!

First Person: Many of my friends have already seen him. Some of them have sat at table with him and saw him break the bread.

Narrator: The friends of Jesus returned to their homes in Jerusalem. There they found the disciples of Jesus together. Everyone was saying:

All: Jesus is risen! Jesus is risen! Alleluia!

Sharing Life

What did you learn from Jesus' two friends?

Why is Easter so important to Christians?

Why should we be happy at Easter?

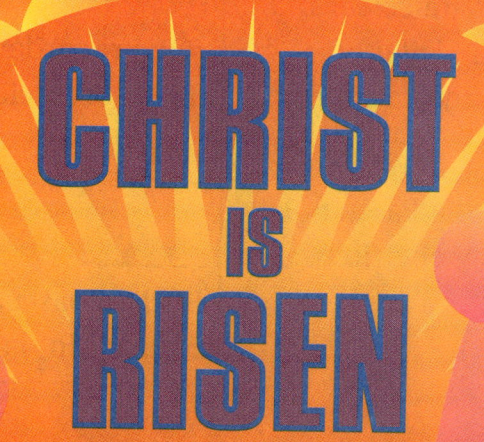

CHRIST IS RISEN

Nuestra Fe Católica

El Triduo Pascual

Durante la Cuaresma, nos preparamos para celebrar el tiempo más importante del año de la Iglesia, El Triduo Pascual. Con nuestras oraciones, ayuno y buenas obras, nos hemos preparado para recordar la muerte y resurrección de nuestro Señor y Salvador, Jesucristo.

La Cuaresma termina el Jueves de la Semana Santa. Entonces la Iglesia Católica se reúne para celebrar el Triduo. La palabra *triduo* significa "tres". El Triduo se inicia el Jueves Santo con la Misa de la Cena del Señor. Continúa el Viernes y el Sábado Santo y termina con las oraciones en la tarde del Domingo de Pascua.

En la misa del Jueves Santo en la tarde recordamos todo lo que Jesús hizo en la última Cena. Damos gracias por el regalo de la Eucaristía y recordamos que Jesús, al lavar los pies de los apóstoles, nos enseñó que debemos servir a los otros.

El Viernes Santo en la tarde nos reunimos en una liturgia especial para recordar la pasión y muerte de Jesús en la cruz.

El Sábado Santo en la noche, nos reunimos en la obscuridad para celebrar la Vigilia Pascual. La palabra *vigilia* significa "estar atento". Estamos atentos a Cristo, nuestra luz.

Durante la liturgia de la Vigilia Pascual, bendecimos el nuevo fuego y el cirio pascual que nos recuerdan que Cristo ha resucitado. Escuchamos la palabra de Dios y luego se bendice el agua bautismal. Damos la bienvenida a nuevos miembros a la comunidad eclesial y celebramos la nueva vida por medio de los sacramentos de iniciación y la renovación de las promesas del Bautismo.

El tiempo de Pascua

Durante cincuenta días celebramos la resurrección de Jesús y nuestra nueva vida en él. Este es el tiempo de Pascua que se inicia el Domingo de Pascua y termina el Domingo de Pentecostés.

Aleluya es la canción cristiana de gozo por la Pascua. Significa "alabado sea Dios" y expresa nuestra gran felicidad por la victoria de Jesús sobre la muerte y su presencia resucitada con nosotros.

Acercándote a la Fe

¿Cuál es el tiempo más importante del año de la Iglesia?

_____

¿Qué recordamos durante la Pascua de Resurrección?

_____

_____

El cirio pascual es símbolo del Cristo resucitado, la Luz del Mundo.

Our Catholic Faith

The Easter Triduum

All during Lent, we have been preparing to celebrate the most important time of the Church year, the Easter Triduum. Through our prayer, fasting, and good works, we are ready to remember the death and resurrection of our Lord and Savior, Jesus Christ.

Lent ends on Thursday of Holy Week. Then the Catholic Church gathers to celebrate the Triduum. The word *triduum* means "three days." The Triduum begins on Holy Thursday with the Evening Mass of the Lord's Supper. It continues through Good Friday and Holy Saturday, and it ends with Evening Prayer on Easter Sunday.

At the Mass on Holy Thursday evening, we recall all that Jesus did at the Last Supper. We give thanks for the gift of the Eucharist and remember what Jesus taught us about serving others when he washed the feet of his apostles.

On Good Friday, we gather in the afternoon at a special liturgy to remember the passion and death of Jesus on the cross.

On Holy Saturday night, we begin and gather in darkness to celebrate the Easter Vigil. The word *vigil* means "keeping watch." We are watching for Christ our Light.

During the Easter Vigil liturgy, we bless the new fire and paschal candle, reminding us of the risen Christ. We hear God's word and then bless the baptismal water. We welcome new members into the Church community and celebrate new life through the sacraments of initiation and the renewal of baptismal promises.

The Easter Season

For fifty days after Easter we celebrate the resurrection of Jesus and our new life in him. This is the Easter season. It lasts from Easter to Pentecost Sunday.

Alleluia is the Christian song of Easter joy. It means "praise God" and expresses our great happiness at Jesus' victory over death and his risen presence with us.

Coming to Faith

What is the most important time of the Church year?

_____

What do we remember at Easter?

_____

_____

The Easter candle is a symbol of the risen Christ, the Light of the World.

Viviendo la Fe
Oración de Pascua

Canción para iniciar

Canten un aleluya.

Guía: Jesucristo es la Luz del Mundo. Durante la Pascua, demos gracias a Jesús por estar siempre con nosotros.

Todos: Jesús ha resucitado ¡aleluya! Todo honor y toda gloria a Cristo nuestra luz.

Guía: Pan hecho de semillas de la tierra se convierte en el Cuerpo de Cristo. Uvas que crecen de semillas de la tierra se convierten en la Sangre de Cristo.

Lector 1: Bendito seas Señor, Dios de toda la creación. Por tu generosidad podemos ofrecerte este pan.

Lector 2: Bendito seas Señor, Dios de toda la creación. Por tu bondad podemos ofrecerte este vino.

Todos: Jesús, ayúdanos a reconocerte cuando participemos en la misa. Durante la plegaria eucarística, ayúdanos a reconocerte como te reconocieron tus amigos después de tu resurrección de la muerte.

Guía: Jesucristo es la Luz del Mundo. En esta fiesta de Pascua, damos gracias a Jesús por estar siempre con nosotros.

Todos: Jesús ha resucitado ¡aleluya! Todo honor y gloria a Cristo nuestra luz.

Canten una canción para finalizar

Practicing Faith
An Easter Prayer

Opening Hymn

Sing an Easter Alleluia.

Leader: Jesus Christ is the Light of the World. At Eastertime, let us thank Jesus for being with us always.

All: Jesus is risen, alleluia! All praise and glory to Christ our light!

Leader: Bread that is grown from seeds in the ground becomes the Body of Christ. Grapes that are grown from seeds in the ground become the Blood of Christ.

Reader 1: Blessed are you, Lord, God of all creation. Through your goodness we have this bread to offer.

Reader 2: Blessed are you, Lord, God of all creation. Through your goodness we have this wine to offer.

All: Jesus, help us to recognize you when we take part in the Mass. During the eucharistic prayer, help us to recognize you as your friends did after you rose from the dead.

Leader: Jesus Christ is the Light of the World. On this feast of Easter, let us thank Jesus for being with us always.

All: Jesus is risen, alleluia! All praise and glory to Christ our light!

Closing Hymn

"Jesus Is Risen" (verse 2)

On this most holy day of days,
Let us together sing his praise!
Alleluia! Alleluia!
Raise joyful voices to the sky!
Sing out, ye heavens, in reply:

Alleluia! Alleluia! Alleluia!

Alleluia! Alleluia!

REPASO

Llena el espacio en blanco.

1. El Triduo Pascual empieza el _____ en la tarde y termina el Domingo de Pascua en la tarde.

2. La palabra *triduo* significa _____.

3. El Jueves Santo damos gracias por el _____.

4. El tiempo de Pascua se extiende desde el Domingo de Resurrección hasta _____.

5. Cristianos son llamados a ser "gente de pascua". ¿Qué significa?

_____
_____
_____

FE VIVA EN EL HOGAR Y EN LA PARROQUIA

En este capítulo los niños aprendieron algo más sobre la Pascua de Resurrección, especialmente el Triduo Pascual. La resurrección de Jesús es la verdad central de nuestra fe pasada a nosotros por los primeros cristianos. Cristo murió por nuestros pecados para liberarnos del poder del demonio y para traernos nueva vida. Su resurrección es el pago de nuestra gloria futura, vida eterna con Dios.

Esta lección da la oportunidad a los niños de profundizar el conocimiento de que el Cristo resucitado está con nosotros hoy de muchas maneras, pero especialmente en la Eucaristía.

Anime a su niño a encontrar a Cristo en la Eucaristía con frecuencia y a reconocerlo también en los pobres, los que tienen hambre y los desamparados. Jesús mismo dijo: "Todo lo que hagan por uno de estos hermanos míos más pequeños por mí mismo lo hacen" (Mateo 25:40).

Resumen de la fe

- El Triduo Pascual empieza el Jueves Santo en la tarde y termina el Domingo de Resurrección en la tarde.
- El tiempo de Pascua incluye los cincuenta días entre el primer domingo de Pascua y el Domingo de Pentecostés

REVIEW • TEST

Fill in the blanks to complete the statements.

1. The Easter Triduum begins on _____ evening and ends on Easter Sunday evening.

2. The word *triduum* means _____.

3. On Holy Thursday we give thanks for the _____.

4. The Easter season extends from Easter to _____.

5. Christians are called to be "Easter people." What does that mean to you?

_____

_____

_____

FAITH ALIVE AT HOME AND IN THE PARISH

In this chapter, your fourth grader learned more about Easter, especially the Easter Triduum. The resurrection of Jesus is the central truth of our faith handed on to us by the first Christians. Christ died for our sins to liberate us from the power of evil and to bring us new life. His resurrection is the pledge of our future glory—life forever with God.

This lesson provides the opportunity for you to deepen your child's awareness that the risen Christ is with us today in many ways, but especially in the Eucharist. Encourage your child to meet Christ there often and to recognize him as well in the poor, the hungry, and the homeless. As Jesus himself said, "whatever you did for one of these least brothers of mine, you did for me" (Matthew 25:40).

Faith Summary

- The Easter Triduum begins on Holy Thursday evening and ends on Easter Sunday evening.
- The Easter season includes the fifty days between Easter and Pentecost.

22 El Espíritu nos da vida

Ven Espíritu Santo, danos fuerza, valor y paz.

Nuestra vida

Angela no quería ver a su abuela en el asilo para ancianos. Quería que las cosas fueran como siempre habían sido, que la abuela jugara con ella y la paseara por todo el pueblo.

Le daba miedo ver a la abuela débil sentada en una silla de ruedas.

Al abrir la puerta vio a la abuela sentada cerca de la ventana. Una lágrima rodó por la mejilla de la abuela.

Angela estaba a punto de llorar también. Sintió un gran valor y un profundo amor por la abuela. Le dijo con voz clara: "Abuela, te quiero", y la abrazó.

¿De dónde crees Angela sacó el valor?

¿Quién te ayuda a hacer cosas difíciles? Explícalo.

Muchas personas en nuestras vidas nos dan valor y fuerza en tiempos difíciles. ¿Quiénes son ellos?

¿Qué tipo de poder dan estas personas?

Compartiendo la vida

¿Crees que hay un poder que no puedes ver o tocar que ayuda a la gente a hacer cosas buenas? ¿Qué es?

¿Se te ha dado alguna vez el valor para hacer algo difícil? ¿Para hacer algo con valentía? Explícalo.

¿Puedes imaginar momentos en que Dios Espíritu Santo nos ayuda a hacer cosas difíciles?

22 The Spirit Gives Us Life

Come, Holy Spirit, fill us with strength, courage, and peace.

Our Life

Angela didn't want to see her Gram in the nursing home. She wanted things to be the way they used to be when Gram played games with her and drove her all over town.

She was afraid of seeing this Gram who now sat in a wheelchair and looked so feeble.

As Angela opened the door, she saw Gram sitting by the window. A tear trickled down her grandmother's cheek.

Angela was about to cry, too. Then she felt a surge of courage and a deep love for her Gram. She said in a clear voice, "Gram, I love you," and hugged her.

Where do you think Angela's new courage came from?

Who helps you to do difficult things? Explain.

There are many people in our lives who give us courage and strength in difficult times. Who are they?

What kind of power do these people give?

Sharing Life

Do you think that there is a power you cannot see or touch that helps people to do good? What is it?

Have you ever been given the power to make a hard decision? To do something brave? Tell about it.

Can you imagine times when God the Holy Spirit helps us to do difficult things?

Nuestra Fe Católica

Los dones del Espíritu Santo

Sabemos que los Diez Mandamientos, la Ley del Amor, las Bienaventuranzas y las obras espirituales y corporales de misericordia nos ayudan a hacer el bien. Pero algunas veces tenemos miedo de hacer lo correcto, o estamos confusos sobre lo bueno y lo malo.

Por eso Jesús envía al Espíritu Santo a cada uno de nosotros para que nos ayude. San Pablo nos dice que Dios Espíritu Santo, nos ayuda a tomar las decisiones correctas. Pablo escribió que el que tiene al Espíritu puede juzgar el valor de todas las cosas.
1 Corintios 2:15

Dios Espíritu Santo, la tercera Persona de la Santísima Trinidad, está con nosotros hoy. El Espíritu Santo viene por primera vez a nosotros en el momento del bautismo. Por el poder del Espíritu Santo, somos liberados del pecado y hechos miembros del cuerpo de Cristo. Ahora podemos elegir no pecar y vivir como discípulos de Jesús.

El Espíritu Santo también viene a nosotros de manera especial en el sacramento de la Confirmación. La Confirmación nos une más fuertemente al Padre y a Cristo y nos da una gracia especial para vivir la fe por medio de nuestras palabras y acciones.

Para ayudarnos, el Espíritu Santo nos da dones especiales. El Espíritu Santo nos da esos dones especiales para que, como los discípulos de Jesús en el primer Pentecostés, tengamos el valor necesario para seguir a Jesús.

Dios Espíritu Santo nos ayuda a tomar buenas decisiones. Llenos del Espíritu Santo, podemos tratar cada día de hacer la voluntad de Dios en todo lo que hagamos y digamos. Para ayudarnos, debemos rezar con frecuencia esta oración al Espíritu Santo:

† Ven Espíritu Santo, llena los corazones de tus fieles y enciende en ellos el fuego de tu amor. Envía tu Espíritu y serán creados y renovarás la faz de la tierra.

Inteligencia

Nos ayuda a ver como Jesús quiere que vivamos en nuestro mundo hoy. Nos muestra como podemos acabar con las injusticias.

Sabiduría

Nos da el poder de saber lo que Dios quiere que hagamos. Nos ayuda a tomar la decisión que Dios quiere que tomemos.

Wisdom

Gives us the power to know what God wants us to do. It helps us to make the decision God wants us to make.

Understanding

Helps us to see how Jesus wants us to live in our world today. It shows us how we can help stop injustice and unfairness.

Our Catholic Faith

The Gifts of the Holy Spirit

We know that the Ten Commandments, the Law of Love, the Beatitudes, and the Spiritual and Corporal Works of Mercy help us know the right things to do. But sometimes we are afraid to do the right thing, or we are confused about what is right and what is wrong.

That is why Jesus sends the Holy Spirit to each of us to be our Helper. Saint Paul tells us that God the Holy Spirit helps us make the right decision. Paul wrote that the one who has the Spirit is the person able to judge the value of everything.
Based on 1 Corinthians 2:15

God the Holy Spirit, the third Person of the Blessed Trinity, is with us today. The Holy Spirit first comes to us when we are baptized. By the power of the Holy Spirit, we are freed from sin and made members of the body of Christ. Now we can choose not to sin and to live as disciples of Jesus.

The Holy Spirit will also come to you in a special way in the sacrament of Confirmation. Confirmation unites us more strongly to the Father and to Christ and gives us a special grace to live the faith by our words and actions.

To help us, the Holy Spirit gives us special gifts. The Holy Spirit gives us these special gifts so that, like the disciples on the first Pentecost, we will have the courage we need to follow Jesus.

God the Holy Spirit helps us to make good choices. Filled with the Holy Spirit, we can try each day to do God's loving will in all that we say and do. To help us do this, we should pray this prayer to the Holy Spirit often:

† Come, Holy Spirit, fill the hearts of your faithful and enkindle in them the fire of your love. Send forth your Spirit and they shall be created and you shall renew the face of the earth.

VOCABULARIO

Voluntad de Dios es lo que Dios quiere para nosotros. Podemos llamarla "amorosa voluntad" de Dios, porque Dios siempre quiere lo mejor para nosotros.

Los dones del Espíritu Santo

Consejo
Nos ayuda a asistir a otros en elegir lo que es correcto y como ellos pueden tener valor para hacerlo.

Fortaleza
Nos ayuda a hacer la voluntad de Dios, aun cuando tengamos miedo.

Piedad
Nos ayuda a mostrar nuestro amor por Dios en todos nuestros pensamientos, palabras y acciones.

Ciencia
Nos ayuda a conocer nuestra fe y lo que se necesita para servir a Dios.

Temor de Dios
Nos ayuda a poner a Dios primero en nuestras vidas y a mostrar respeto por el nombre de Dios, el nombre de Jesús, y los santos lugares y cosas.

Todos necesitamos la ayuda de Dios Espíritu Santo para vivir como Jesús nos enseñó. El Espíritu Santo guía y dirige a toda la Iglesia y a todos nosotros todos los días.

Right Judgment
Helps us to assist others in knowing what is right and how they can be courageous in doing it.

FAITH WORD

God's will is what God wants us to do. We can call it God's "loving will" because he always wants what is best for us.

Courage
Helps us to do God's loving will, even when we are afraid.

The Gifts of the Holy Spirit

Knowledge
Helps us to know our faith and what is needed to serve God.

Reverence
Helps us to show our love for God in all our thoughts, words, and actions.

Wonder and Awe
Helps us to put God first in our lives and to show respect for God's name, the holy name of Jesus, holy places and things.

Each of us needs the help of God the Holy Spirit to live as Jesus showed us. The Holy Spirit guides and directs the whole Church and each of us every day.

Acercándote a la Fe

Nombra el don del Espíritu Santo que crees cada una de las siguientes personas usa más. Explica por qué.

Jean Donovan fue una misionera laica que dejó su hogar para ir a El Salvador a ayudar a los pobres. Ella fue allí porque pensó que podía ayudar. La asesinaron por su trabajo con los pobres. Le llamamos mártir de la fe.

La mamá de Armando es una de las personas más respetadas en el vecindario. Cuando la gente está preocupada y necesita tomar una decisión van a conversar con ella.

Nombra un don especial que has recibido del Espíritu Santo. ¿Cómo usas ese don?

Nombra un don del Espíritu que puedes estar necesitando. Explica por qué.

Viviendo la Fe

Explica lo que puedes hacer esta semana con la ayuda del Espíritu Santo, en la casa, la escuela, en tu vecindario o en tu parroquia.

Juntos recen la oración al Espíritu Santo en la página 216. Terminen cantando una canción.

Coming to Faith

Name the gift of the Holy Spirit that you think each of the following people used most. Tell why.

Jean Donovan was a lay missionary who left her home to help the poor in El Salvador. Jean went because she felt she could help people there. She was murdered because of her work with the poor. We call her a martyr for her faith.

Armando's mom is one of the most respected people in the neighborhood. When people are upset and need to make a decision, they talk with her.

Name a special gift you have received from the Holy Spirit. How do you use this gift?

Name a gift of the Holy Spirit you might need today. Tell why.

Practicing Faith

Tell what you can do this week with the help of the Holy Spirit at home, at school, or in your parish or neighborhood.

Pray together the prayer to the Holy Spirit on page 217. Then sing a song.

REPASO

Aparea.

1. Fortaleza   _____ nos da el poder de tomar buenas decisiones.

2. Piedad   _____ es lo que Dios quiere que hagamos.

3. Ciencia   _____ nos ayuda a hacer lo que Dios quiere aun cuando tengamos miedo.

4. Voluntad de Dios   _____ nos ayuda a asistir a otros a saber lo que está bien.

_____ nos ayuda a mostrar amor por Dios en todo en lo que hacemos.

5. Nombra un don del Espíritu Santo que puedes necesitar esta semana. ¿Cómo lo usarás?

_____

_____

FE VIVA

EN EL HOGAR Y EN LA PARROQUIA

Los niños aprendieron que Jesús no nos dejó solos. Él envió al Espíritu Santo para que nos ayudara. Dios Espíritu Santo es la tercera Persona de la Santísima Trinidad.

Muchos católicos se han olvidado del papel central del Espíritu Santo en la Iglesia y en sus vidas. Podemos vivir la vida cristiana sólo por el poder de Dios Espíritu Santo. El Espíritu Santo nos mueve a rezar, a actuar y a vivir como discípulos de Jesús. El Espíritu nos reta a estar alerta a las situaciones que piden nuestra atención como cristianos. Alertados por el Espíritu dirigimos todas nuestras oraciones al Padre, nuestro creador, por medio del Hijo, nuestro redentor, y en el Espíritu Santo, nuestro santificador.

Resumen de la fe

- Dios Espíritu Santo nos da a cada uno dones especiales.
- Los dones del Espíritu Santo son: sabiduría, inteligencia, consejo, fortaleza, ciencia, piedad y temor de Dios.
- Cuando rezamos por guía, Dios Espíritu Santo nos ayuda a tomar las decisiones correctas.

REVIEW • TEST

Match.

1. Courage
2. Reverence
3. Wisdom
4. God's will

_____ gives us the power to make good decisions.

_____ is what God wants us to do.

_____ helps us do God's will even when afraid.

_____ helps to assist others in knowing what is right.

_____ helps us show love for God in all we do.

5. Name a gift of the Holy Spirit you might need this week. How will you use it?

_____

_____

FAITH ALIVE AT HOME AND IN THE PARISH

Your fourth grader has learned that Jesus did not leave us alone. He sent us the Holy Spirit to be our Helper. God the Holy Spirit is the third Person of the Blessed Trinity.

Many Catholics have recently renewed their awareness of the central activity of the Holy Spirit in the Church and in their own lives. We can live the Christian life only by the power of God the Holy Spirit. The Holy Spirit moves us to pray, act, and live as Jesus' disciples. The Spirit challenges us to be alert to situations that demand our attention as Christian people. Prompted by the Spirit, we direct all of our prayers to the Father, our Creator, through the Son, our Redeemer, and in the Holy Spirit, our Sanctifier.

Faith Summary
- God the Holy Spirit fills each of us with special gifts.
- The gifts of the Holy Spirit are wisdom, understanding, right judgment, courage, knowledge, reverence, and wonder and awe.
- When we pray for guidance, God the Holy Spirit will help us to make the right choices.

23 La Iglesia nos guía

Oh Espíritu Santo,
Gracias por guiar a la
Iglesia por el camino
de Jesucristo.

Nuestra Vida

He aquí algunas fotografías del trabajo de nuestra Iglesia en el mundo.

Explica lo que ves a la Iglesia hacer.

Nombra otras formas en que la Iglesia trabaja por el reino de Cristo en el mundo.

Compartiendo la Vida

Discutan las siguientes preguntas:

Imagínate en cualquiera de las fotografías. ¿Qué haces?

Imagina formas en que tu parroquia necesita tu ayuda. ¿Cómo los estudiantes de cuarto curso pueden servir a la Iglesia?

224

23 The Church Guides Us

O Holy Spirit, thank you for guiding the Church in the way of Jesus Christ.

Our Life

Here are some pictures of our Church at work in the world.

Tell what you see the Church doing.

Name other ways the Church works for Christ's kingdom in the world.

Sharing Life

Discuss these questions:

Imagine yourself in any of these pictures. What would you be doing?

Imagine ways that your parish needs your help. How can fourth graders serve the Church?

225

Nuestra Fe Católica

Nuestra Iglesia nos guía

Jesús llamó a sus discípulos para ser su Iglesia y para llevar a cabo su misión en el mundo. El Cristo resucitado envió al Espíritu Santo a sus discípulos. El Espíritu Santo los ayudó para ser el cuerpo de Cristo, la Iglesia.

Como miembros de la Iglesia, trabajamos juntos en nuestras parroquias y con todos los católicos en todo el mundo. Nos ayudamos unos a otros a continuar la misión de Jesús.

Hoy, el Espíritu Santo ayuda a la Iglesia a continuar la misión de Jesús de predicar la buena nueva y de trabajar por el reino de Dios de justicia y paz.

Cada persona bautizada tiene algo especial que hacer para ayudar a llevar la misión de Jesús al mundo. San Pablo nos dice: "Hay diferentes tipos de dones espirituales, pero el Espíritu es el mismo; hay diversidad de obras, pero el mismo Dios".

1 de Corintios 12:4-5

Algunas personas son llamadas para ser líderes de nuestra Iglesia. Primero están nuestros ministros ordenados; nuestros obispos, sacerdotes y diáconos. Ellos sirven y dirigen la Iglesia ayudándonos a alabar a Dios y a predicar la buena noticia de Jesús.

El papa, el sucesor de San Pedro, junto a los obispos guía a toda la Iglesia Católica. El obispo es la cabeza de una diócesis. El párroco es el sacerdote cabeza de una parroquia.

Para compartir el trabajo con nuestros ministros ordenados, el Espíritu llama a muchas otras personas para trabajar en nuestra Iglesia. El director de educación religiosa y los catequistas de la parroquia, por ejemplo, son llamados por el Espíritu Santo para ayudar al pueblo de la parroquia a conocer y vivir su fe. Hay otros ministros pastorales en tu parroquia.

En cada parroquia, los católicos se unen para escuchar y predicar la buena nueva de Jesús, rezar, para celebrar los sacramentos, servir a otros y para ayudar en la construcción del reino de Dios.

Para ayudar a los católicos a hacer esas cosas juntos, cumplimos las leyes de la Iglesia. Estas leyes son explicadas en el cuadro en la página 228. Estudia este cuadro con cuidado.

Our Catholic Faith

Our Church Guides Us

Jesus called his disciples to be his Church and to carry on his mission in the world. The risen Christ sent the Holy Spirit to the disciples. The Holy Spirit helped them to become the body of Christ, the Church.

As members of the Church, we work together in our parishes and with all Catholics throughout the world. We help one another to continue Jesus' mission.

Today the Holy Spirit helps the Church continue Jesus' mission of preaching the good news and working for God's kingdom of justice and peace.

Each baptized person has something special to do to help carry on the mission of Jesus to the world. Saint Paul tells us, "There are different kinds of spiritual gifts but the same Spirit; there are different forms of service but the same Lord."
1 Corinthians 12:4–5

Some people are called to be leaders of our Church. First, there are our ordained ministers, our bishops, priests, and deacons. They serve by guiding the Church, helping us to worship God, and preaching the good news of Jesus.

The pope, the successor of Saint Peter, together with the bishops, leads the whole Catholic Church. The bishop is the leader of a diocese. A pastor is the priest who is the leader of a parish.

To share the work with our ordained ministers, the Spirit calls many other people to leadership positions in our Church. Your parish director of religious education and your catechists, for example, are called by the Holy Spirit to help the people of the parish know and live their faith. There may be other pastoral ministers in your parish, too.

In each parish, Catholics join together to hear and preach the good news of Jesus, to pray, to celebrate the sacraments, to serve others, and to help build up the kingdom, or reign, of God.

In order to help Catholics do these things together, we follow the laws of the Church. These laws are shown and explained in the chart on page 229. Study this chart carefully.

Las leyes de la Iglesia

1.	Celebrar la resurrección de Cristo todos los domingos y días de precepto participando en la celebración de la misa y evitando trabajo innecesario.	Esto quiere decir tomar un tiempo especial todas las semanas para pensar en la bondad de Dios para con nosotros. Pensamos acerca de las formas en que debemos poner a Dios primero en nuestras vidas.
2.	Recibir la sagrada comunión con frecuencia y participar en la celebración del sacramento de Reconciliación. Los católicos deben comulgar por lo menos una vez entre el primer domingo de Cuaresma y la fiesta de la Santísima Trinidad. Debemos confesar por lo menos una vez al año si hemos cometido pecado grave.	Al celebrar estos sacramentos con frecuencia, nuestro amor por Dios crece. El Espíritu Santo nos guía para tomar buenas decisiones en nuestra vida diaria.
3.	Estudiar las enseñanzas de la Iglesia y crecer en la fe.	El aprender sobre nuestra fe nos ayuda a vivirla cada día. También nos ayudará a llevar la misión de Jesús.
4.	Observar las leyes del matrimonio católico. Asegurarse de que los hijos reciban instrucción y formación religiosa.	Los niños necesitan el amor y la guía de los padres y de los que los cuidan. También necesitan aprender y vivir su fe en una familia amorosa.
5.	Ayudar al sostenimiento de la Iglesia, incluyendo a nuestra parroquia, nuestros sacerdotes, toda la Iglesia y el papa.	Tenemos la responsabilidad de apoyar el trabajo de la Iglesia y llevar la misión de Jesucristo.
6.	Hacer penitencia, incluyendo ayunar y no comer carne algunos días.	Cuando hacemos penitencia damos gracias a Dios por su bondad.
7.	Unirse al trabajo misionero de la Iglesia.	Cada uno es llamado para ayudar en el trabajo misionero, económicamente o rezando por nuestros misioneros.

The Laws of the Church

1.	Celebrate Christ's resurrection every Sunday and on the holy days of obligation by taking part in the celebration of Mass and by avoiding unnecessary work.	This means taking special time each week to think about God's goodness to us. We think about the ways in which we are to put God first in our lives.
2.	Receive Holy Communion frequently and take part in the celebration of the sacrament of Reconciliation. At a minimum, Catholics are also to receive Holy Communion at least once between the First Sunday of Lent and Trinity Sunday. We must confess at least once a year if we have committed any serious, or mortal, sins.	By celebrating these sacraments frequently, we grow in our love for God. The Holy Spirit guides us in making good decisions in our daily lives.
3.	Study Catholic teachings throughout our lives and continue to grow in faith.	Learning about our faith helps us to live it more each day. We will also be better able to carry on Jesus' mission.
4.	Observe the marriage laws of the Catholic Church. Make sure children receive religious instruction and formation.	Children need love and guidance from parents and others who care for them. They also need to learn about and live their faith in a loving family.
5.	Strengthen and support the Church, including our parish, priests, the whole Church, and the pope.	We have a responsibility to support the work of the Church and carry on the mission of Jesus Christ.
6.	Do penance, including fasting and not eating meat on certain days.	When we do penance, we give thanks for God's goodness.
7.	Join in the missionary work of the Church.	Each of us is called to help missionary work by giving what money we can and by praying for our missionaries.

ACERCANDOTE A LA FE

He aquí algunas cosas que tu parroquia hace para ayudar a vivir por el reino de Dios. Responde a cada pregunta.

- Tu parroquia te enseña sobre Dios, Jesús y el Espíritu Santo por medio de sus programas de educación religiosa y los sermones en la misa.

¿Quién te ayuda a aprender sobre tu fe católica?

- Tu parroquia invita a miembros voluntarios para sus diferentes actividades. Los voluntarios dan de comer a los que tienen hambre, cuidan de los que están solos y de los que no tienen casa, visitan y rezan por los enfermos y confortan a los que están apenados.

¿Cómo puedes ayudar a cuidar de otros en tu parroquia?

- Tu parroquia alaba a Dios y celebra los siete sacramentos.

¿Cómo puedes participar mejor en el culto junto a tu comunidad parroquial?

¿Qué otras cosas hace la Iglesia para ayudarte a vivir tu fe católica?

VIVIENDO LA FE

Haz un IDEOGRAMA para enviar al papa, tu obispo o tu párroco, dile como la Iglesia puede ayudar y guiarte mejor. También dile como piensas ayudarle a hacerlo.

Comparte tu ideograma. Luego escribe algunas cartas que puedes enviar al Santo Padre al Vaticano en Roma.

IDEOGRAMA

(Encierra en un círculo uno)

papa   obispo   párroco

He aquí algunas formas en que creo usted puede ayudarme a vivir mi fe católica:

_____

_____

He aquí las formas en que trataré de ayudarle:

_____

_____

COMING TO FAITH

Here are some things your parish church does to help you live for God's kingdom. Respond to each question.

- Your parish teaches you about God, Jesus, and the Holy Spirit through its religious education programs and the homilies at Mass.

Who helps you learn about your Catholic faith?

- Your parish invites members to volunteer for its various activities. The volunteers feed the hungry, take care of the lonely and the homeless, visit and pray with the sick, and reach out to people who are hurting.

How can you help care for others with your parish community?

- Your parish worships God and celebrates the seven sacraments.

How can you best take part in worshiping with your parish community?

How else does the Church help you live your Catholic faith?

PRACTICING FAITH

Create an IDEAGRAM you would like to send to the pope, your bishop, or your pastor to tell him how the Church can help and guide you better. Also tell how you will help him to do this.

Share your ideagrams. Then develop a group letter that you will send to our Holy Father at the Vatican in Rome.

IDEAGRAM (Circle one)

pope   bishop   pastor

Here are some ways I think you can help me to live my Catholic faith:

_____
_____

Here are some ways I will try to help you:

_____
_____

REPASO

Encierra en un círculo la letra al lado de la respuesta correcta.

1. Los católicos deben participar en la misa
   a. todos los domingos.
   b. el día de la independencia.
   c. el día de acción de gracias.
   d. todos los viernes primeros.

2. Los católicos deben confesar por lo menos una vez al año si han cometido un
   a. pecado mortal.
   b. pecado venial.
   c. pecado original.
   d. una tentación.

3. Los padres católicos deben asegurarse de que sus hijos reciban
   a. instrucción religiosa.
   b. educación universitaria.
   c. un matrimonio.
   d. órdenes sagradas.

4. Todos los católicos pueden participar en el trabajo misionero de la Iglesia
   a. partiendo a misiones extranjeras.
   b. rezando por nuestros misioneros.
   c. apoyando a las Naciones Unidas.
   d. haciéndose sacerdotes.

5. ¿Cómo te ayudan las leyes de la Iglesia?

   _____

   _____

FE VIVA

EN EL HOGAR Y EN LA PARROQUIA

En esta lección los niños aprendieron que también ellos tienen una responsabilidad de llevar la misión de Jesús. Una de las enseñanzas centrales del Concilio Vaticano Segundo, haciendo eco de las primeras comunidades cristianas, es que por el bautismo, todo cristiano debe participar activamente en llevar la misión de Jesús al mundo.

En este capítulo los niños también aprendieron como las leyes, o preceptos, de la Iglesia nos ayudan a vivir nuestra fe. Estas leyes nos ayudan a vivir una vida moral y de oración, mientras buscamos la construcción del reino de Dios. Usted puede encontrar las leyes de la Iglesia en la página 228 de este libro.

Resumen de la fe

- El Espíritu Santo guía a toda la Iglesia a continuar la misión de Jesús.
- Todo bautizado tiene algo especial que hacer para llevar la misión de Jesús.
- Las leyes de la Iglesia nos ayudan a vivir como buenos católicos.

REVIEW • TEST

Circle the letter beside the correct answer.

1. Catholics must take part in Mass on
   a. each Sunday or Saturday evening.
   b. Independence Day.
   c. Thanksgiving Day.
   d. every first Friday.

2. Catholics must confess at least once a year if we have committed any
   a. mortal sin.
   b. venial sin.
   c. original sin.
   d. temptation.

3. Catholic parents must make sure their children receive
   a. religious instruction.
   b. a college education.
   c. Matrimony.
   d. Holy Orders.

4. All Catholics can join in the missionary work of the Church by
   a. going to the foreign missions.
   b. praying for our missionaries.
   c. supporting the United Nations.
   d. becoming priests.

5. How do you think the Laws of the Church help you?

_____

_____

FAITH ALIVE AT HOME AND IN THE PARISH

In this lesson your fourth grader has learned that young people, too, have a responsibility to carry on the mission of Jesus. One of the central teachings of the Second Vatican Council, echoing the earliest Christian communities, is that by Baptism all Christians are to participate actively in carrying on the mission of Jesus in the world.

In this chapter your child has also learned how the laws, or precepts, of the Church help us to live our faith. These laws help us to live a moral and prayerful life as we seek to build up the reign of God. You can find the Laws of the Church on page 229 of your child's text.

Faith Summary

- The Holy Spirit guides the whole Church in continuing Jesus' mission.
- Each baptized person has something special to do to carry on Jesus' mission.
- The laws of the Church help us to live as good Catholics.

24 Examen de conciencia

Jesús, ayúdanos a ser fuertes cuando somos tentados de hacer algo malo.

Nuestra vida

Juana arrastraba los pies de regreso a su casa. Pensaba en lo que su padre iba a preguntar y en lo que ella iba a contestarle. Si Juana decía la verdad sobre el lugar donde había estado, sería castigada por una semana. Era mucho más fácil contar una historia sobre. . . .

Termina la historia de Juana. ¿Qué elegirías? ¿Sería esto bueno para mí?

El señor Pérez era un maestro difícil y nadie quería estar en su clase. Algunos estudiantes le ponían nombres a sus espaldas y contaban historias acerca de él. A Pedro no le gustaba eso, pero quería ser parte del grupo. ¿Tendríamos algún amigo si evitáramos participar en chismes?

Termina la historia de Pedro. ¿Qué harás?

Cuando tienes que tomar una decisión difícil: ¿Qué decides hacer?

Compartiendo la vida

Comparte como finalizaste las historias. Luego discutan: ¿Has estado alguna vez en una situación como en la que estaban Juana y Pedro? ¿Quién te ayudó a tomar la decisión?

¿Cómo sabes que has tomado una buena decisión?

24 Examining Our Conscience

Jesus, help us to be strong when we are tempted to do wrong.

Our Life

Joan dragged her feet all the way home. She was thinking about what her father was going to ask her and how she was going to answer. If Joan told the truth about the place she had been, she would be grounded for a week! It would be so easy to make up a story about. . . .
Finish Joan's story. What choice will she make? Will it be a good one?

Mr. Fisher was a tough teacher and no one wanted to have him in class. Some students called him names behind his back and made up stories about him. Kirk felt uneasy about this, but he wanted to be part of the group. Would he have any friends if he refused to listen to the gossip?

Finish Kirk's story. What will he do?

When you have to make a hard choice, how do you decide what to do?

Sharing Life

Share your story endings. Then discuss: Have you ever been in situations like those of Joan or Kirk? Who helped you to make choices?

How do you know whether you have made good decisions?

Nuestra Fe Católica

Examinamos nuestra conciencia

Conciencia es la habilidad que tenemos de decidir cuando alguna cosa está bien o no. Nuestra conciencia es un don de Dios. Cuando nuestra conciencia es guiada por las enseñanzas de la Iglesia, nos ayuda a saber lo que está bien y lo que está mal.

Seguir nuestra conciencia significa usar lo que tenemos en mente y corazón para tomar buenas decisiones. Nuestros pensamientos y sentimientos son importantes y nos ayudan a saber lo que nos dice nuestra conciencia.

Dios el Espíritu Santo nos habla por medio de nuestra conciencia. Si pedimos al Espíritu Santo que nos ayude para tomar nuestras decisiones, nuestras oraciones serán escuchadas. Para ser buenos cristianos necesitamos examinar nuestra conciencia a menudo.

Debemos tomar tiempo para pensar acerca de las formas en que amamos a Dios y a otros. Nos preguntamos si hemos pecado al hacer cosas que sabemos están mal y por no hacer las cosas buenas que debemos. Cada vez que hacemos esto estamos examinando nuestra conciencia.

Generalmente examinamos nuestra conciencia preguntándonos cómo hemos cumplido con la Ley del Amor. Pensamos en las formas en que hemos vivido por el reino de Dios de justicia y paz.

Después pensamos en cómo hemos tratado de vivir las bienaventuranzas, las obras corporales y espirituales de misericordia y las leyes de la Iglesia. Nos preguntamos si hemos obedecido los Diez Mandamientos. Hemos estudiado todas estas cosas durante este año y podemos recurrir a ellas para ayudarnos.

Cuando examinamos nuestra conciencia, podemos hacernos preguntas como las que se encuentran en la página 238.

Antes de participar en el sacramento de la Reconciliación, o Penitencia, examinamos nuestra conciencia para saber cuales pecados tenemos que confesar. El sacerdote entonces podrá aconsejarnos para que seamos mejores.

En este sacramento damos gracias a Dios por su amor y perdón. Decimos a Dios que estamos arrepentidos de nuestros pecados. Pedimos a Dios nos ayude a hacer su voluntad y evitar las cosas que nos tientan a pecar.

Our Catholic Faith

Examining Our Conscience

Conscience is the ability we have to decide whether something is right or wrong. Our conscience is a gift from God. When our conscience is guided by the teachings of the Church, it helps us to know what is right and what is wrong.

Following our conscience means using what is in our mind and heart to make good decisions. Our thoughts and feelings are both important in helping us know what our conscience is telling us.

God the Holy Spirit speaks to us through our conscience. If we ask the Holy Spirit for help in making decisions, our prayers will be answered. To be good Christians we need to examine our conscience often.

We need to take time to think about ways we love God and others. We ask ourselves whether we have sinned by doing things that we know are wrong or by not doing the good things we should do. Each time we do this, we are examining our conscience.

We usually begin our examination of conscience by asking ourselves how well we have followed the Law of Love. We think of the ways we have been living for God's kingdom of justice and peace.

Then we think about how well we have tried to live the Beatitudes, the Spiritual and Corporal Works of Mercy, and the Laws of the Church. We ask ourselves whether we have obeyed the Ten Commandments. We have studied all of these this year and we can use them to help us.

When we examine our conscience, we may ask ourselves questions like those on page 239.

Before taking part in the sacrament of Reconciliation, or Penance, we examine our conscience so that we will know what sins to confess. The priest will then be able to give us advice about ways to live better.

In this sacrament we thank God for God's love and forgiveness. We tell God we are sorry for our sins. We ask God's help to do his loving will and to avoid those things that tempt or lead us to sin.

VOCABULARIO

Hacemos un **examen de conciencia** cuando nos preguntamos, con la ayuda del Espíritu Santo, cómo hemos obedecido la ley de Dios y cómo hemos amado y servido a los demás.

Examen de Conciencia

¿Cómo muestro mi amor a Dios?

- ¿Pongo a Dios primero en mi vida, o hay otras cosas más importantes para mí?
- ¿He usado el nombre de Dios con respeto, o he pronunciado algunas veces el nombre de Dios con enojo?
- ¿He recordado rezar con frecuencia?
- ¿Voy a misa todos los domingos, o los sábados en la tarde, y los días de precepto y participo de la celebración? ¿He faltado a misa sin razón justificada?

¿Cómo he mostrado amor por los demás?

- ¿Me he preocupado por los pobres, los que tienen hambre, los que son tratados injustamente o los oprimidos como Jesús ha enseñado?
- ¿He tratado de hacer lo mejor para vivir por el reino de Dios?
- ¿He obedecido y he sido respetuoso con los adultos que son responsables de mí?
- ¿He compartido mis cosas con otros, o he sido egoísta? ¿He tomado las cosas de otros sin permiso?
- ¿He dicho la verdad y he sido justo, o he mentido y engañado?

¿Cómo he mostrado amor por mí mismo?

- ¿He cuidado de mi cuerpo comiendo adecuadamente, descansando y no haciendo nada que pueda herirme?

FAITH WORD

We make an **examination of conscience** when we ask ourselves, with the help of the Holy Spirit, how well we have obeyed God's law and have loved and served others.

Examination of Conscience

How have I shown love for God?

- Does God come first in my life, or are other things more important to me?
- Have I used God's name with respect, or have I sometimes said his name in anger?
- Have I remembered to pray regularly?
- Do I go to Mass on Sundays or Saturday evenings and on holy days of obligation and take part in the celebration? Or have I missed Mass for no good reason?

How have I shown love for others?

- Have I cared as Jesus wants me to care for the poor, the hungry, and those who are mistreated or oppressed?
- Have I done my best to try to live for the kingdom of God?
- Have I obeyed and been respectful to the adults who are responsible for me?
- Do I share my things with others, or have I been selfish? Have I taken others' things without permission?
- Have I been truthful and fair, or have I lied and cheated?

How have I shown love for myself?

- Have I taken care of my body by eating properly, getting rest, and not doing anything that could harm me?

Acercándote a la Fe

Un gran pensador dijo una vez: "La vida que no se examina no vale la pena vivirla".

¿Qué crees que él quiso decir?

¿Cuándo examinas tu vida, tu conciencia? ¿Cuándo debes hacerlo?

¿Cómo el examinar tu conciencia te ayuda a preparar para el sacramento de la Reconciliación?

Viviendo la Fe

Toma algunos minutos para examinar tu conciencia. Usa la página 238 como guía. Luego reúnete con tus compañeros para rezar.

Guía: Dios de amor, nos llamas a vivir como tu pueblo. Ayúdanos a seguir tu camino de amor.

Todos: Amén.

Lector 1: Tratamos de elegir bien.

Todos: Ayúdanos a seguir tu camino de amor. (Respondan así en cada petición).

Lector 2: Diremos la verdad. Seremos honestos. (**Todos:** Respuesta)

Lector 3: Seremos fieles y obedeceremos. (**Todos:** Respuesta)

Lector 4: Seremos justos y trabajaremos por la paz. (**Todos:** Respuesta)

Guía: Vamos a rezar la oración que Jesús nos enseñó. Padre nuestro. . . .

Coming to Faith

A great thinker once said, "The unexamined life is not worth living."

What do you think he meant by that?

When do you examine your life, your conscience? When should you?

How does examining your conscience help you prepare for the sacrament of Reconciliation?

Practicing Faith

Take a few minutes to examine your conscience now. Use page 239 as a guide. Then gather together in a prayer circle.

Leader: Loving God, you call us to live as your people. Help us to follow your way of love.

All: Amen.

Reader 1: We will try to make good choices.

All: Help us to follow your way of love. (Make this response after each petition.)

Reader 2: We will be truthful. We will be honest. (**All:** Response)

Reader 3: We will be faithful. We will be obedient. (**All:** Response)

Reader 4: We will be fair. We will be peacemakers. (**All:** Response)

Leader: Let us pray the prayer Jesus taught us. Our Father. . . .

REPASO

Encierra en un círculo la letra al lado de la respuesta correcta.

1. Mostramos amor a Dios cuando
   a. faltamos a misa.
   b. decimos el nombre de Dios con enojo.
   c. rezamos sólo los domingos.
   d. ponemos a Dios primero en nuestras vidas.

2. La capacidad de decidir si algo está bien o mal es la
   a. conciencia.
   b. reconciliación.
   c. tentación.
   d. virtud.

3. En la Reconciliación nos confesamos con el
   a. papá.
   b. maestro.
   c. sacerdote.
   d. amigo.

4. Celebramos el amor y el perdón de Dios en
   a. la conciencia.
   b. la Reconciliación.
   c. el Matrimonio.
   d. el Orden Sagrado.

5. ¿Cuándo debes examinar tu conciencia? ¿Por qué?
   _____
   _____

FE VIVA

EN EL HOGAR Y EN LA PARROQUIA

En este capítulo, los niños aprendieron, cómo, por qué y cuándo examinar la conciencia. Pida a su niño que le enseñe las preguntas usadas para el examen de conciencia.

Como adulto, es útil que reflexione en las decisiones difíciles que ha tenido que tomar y el proceso usado para tomarlas. Considere como y cuan a menudo examina su conciencia, no necesariamente para mirar las debilidades sino para retarse a tener más vitalidad y fidelidad al vivir su fe cristiana.

Resumen de la fe

- Nuestra conciencia nos ayuda a decidir lo malo y lo bueno.
- Con la ayuda del Espíritu Santo, examinamos nuestra conciencia preguntándonos cómo hemos vivido la ley de Dios.
- Examinamos nuestra conciencia antes de celebrar el sacramento de la Reconciliación.

REVIEW · TEST

Circle the letter beside the correct answer.

1. We show love for God when we
   a. miss Mass often.
   b. say God's name in anger.
   c. pray only on Sundays.
   d. keep God first in our lives.

2. The ability to decide whether something is right or wrong is
   a. conscience.
   b. reconciliation.
   c. temptation.
   d. virtue.

3. In Reconciliation we confess to
   a. our parents.
   b. the teacher.
   c. the priest.
   d. our friends.

4. We celebrate God's love and forgiveness in
   a. conscience.
   b. Reconciliation.
   c. Matrimony.
   d. Holy Orders.

5. When should you examine your conscience? Why?
   _____
   _____

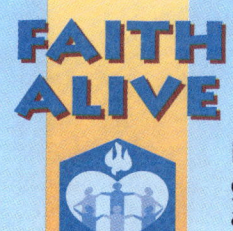

FAITH ALIVE AT HOME AND IN THE PARISH

In this chapter, your fourth grader has learned how, why, and when to examine his or her conscience. Have your child show you the questions used as an examination of conscience.

As an adult, it may be helpful for you to reflect on difficult choices you have had to make and the process you used when making these choices. Consider how and how often you examine your own conscience—not necessarily to highlight weaknesses but more to challenge yourself to greater vitality and fidelity in living your Christian faith.

Faith Summary

- Our conscience helps us to decide what is right or wrong.
- With the help of the Holy Spirit, we examine our conscience by asking ourselves how well we have lived God's law.
- We examine our conscience before celebrating the sacrament of Reconciliation.

25 Celebramos la Reconciliación

Dios de amor, ayúdanos a perdonar y a ser compasivos.

Nuestra vida

Había una vez un pobre esclavo en Roma que se llamaba Androcles. El se escapó de su cruel amo y se escondió en una cueva. Se quedó dormido y un gran ruido lo despertó. Un tremendo león entró gruñendo a la cueva. Androcles estaba aterrorizado, pero se dio cuenta de que el león estaba cojeando. Tenía una espina en una de sus patas. Androcles sintió pena por el león. Le tomó la pata, el león puso su cabeza en el hombro de Androcles como si se diera cuenta de que Androcles le iba a ayudar. Androcles sacó la espina y el león se puso feliz y empezó a saltar al igual que un perro. En la noche los dos se durmieron uno al lado del otro como buenos amigos.

Pero un día Androcles fue capturado. Como esclavo fue condenado a enfrentar a los leones en la arena. Lo dejaron temblando y con los ojos cerrados. El hambriento león se precipitó hacia él, para sorpresa de todos el león se tiró a los pies de Androcles y empezó a frotar su cabeza contra él. Era su viejo amigo. La gente estaba sorprendida. "Androcles y el león deben ser liberados", gritaron. Muchos pensaron que el esclavo y el león les habían enseñado como vivir.

¿Qué enseña la lección de Androcles y el león?

Compartiendo la vida

Hablen de las cosas que pueden separar a las personas.

¿Cómo podemos reconciliarnos unos con otros? ¿Con Dios?

25 We Celebrate Reconciliation

Dear God, help us to be forgiving and compassionate people.

Our Life

There once was a poor slave in Rome whose name was Androcles. He ran away from his cruel master and hid in a cave. Soon he fell asleep. A great noise suddenly woke him. A huge lion had come roaring into the cave. Androcles was terrified, but soon he noticed that the lion was limping badly. There was a large thorn in his paw. Androcles felt sorry for the lion. He picked up his paw. The lion leaned his head on Androcles' shoulder as if he knew Androcles would help him. Androcles pulled the thorn out quickly and the lion was so happy he jumped around like a puppy. That night the two slept side by side like two friends.

Eventually Androcles was captured. As a runaway slave, he was condemned to face the lions in the arena. He was led forth trembling, his eyes closed. The hungry lion rushed at him and to everyone's surprise, he lay down at Androcles' feet and rubbed his head against him. It was his old friend.

The people were astonished. "Androcles and the lion must be set free!" they shouted. Many felt that the slave and the lion had taught them all how to live.

What is the lesson that Androcles and the lion taught?

Sharing Life

Talk together about things that can separate people from one another.

How can we be reconciled with one another? with God?

Nuestra Fe Católica

El perdón

Todos necesitamos perdonar y ser perdonados. Muchas veces necesitamos ser reconciliados, reunidos, con las personas que nos han ofendido. Necesitamos perdonarlas. Jesús quiere que nos perdonemos unos a otros.

Jesús murió para salvarnos de nuestros pecados y para reconciliarnos con Dios y unos con otros. Jesús no quiere que nos separemos de Dios por el pecado.

Entonces Pedro se acercó y le dijo: "Señor, ¿Cuántas veces debo perdonar a mi hermano? ¿Siete veces?"

Jesús le contestó: "No digas siete veces, sino hasta setenta y siete veces", (Mateo 18:21-22). Jesús quiso decir que debemos perdonar *siempre*.

Dios nos ayudará a vencer el pecado en nuestro mundo. Por el sacramento del Bautismo, somos liberados del pecado original. Participamos de la vida misma de Dios, pero necesitamos la ayuda de Dios para vencer nuestro pecado y el pecado del mundo. Jesús sabía que algunas veces pecaríamos. Necesitaríamos el perdón de Dios por los pecados cometidos después del Bautismo.

Algunos pecados son tan serios que nos separan totalmente de Dios y de la Iglesia. Estos son los pecados mortales. La Reconciliación nos devuelve la gracia de Dios y nos reconcilia con la Iglesia.

Aunque no es absolutamente necesario confesar los pecados veniales, es bueno hacerlo. Esto nos fortalece y nos ayuda a vivir más cerca de Dios.

Jesús dio a sus discípulos el poder de perdonar los pecados en nombre de Dios. Jesús les dijo: "A quienes ustedes perdonen, queden perdonados, y a quienes no libren de sus pecados, queden atados".

Juan 20:23

Cuando pecamos, Dios está siempre dispuesto a perdonarnos. Cuando estamos arrepentidos, celebramos el perdón de Dios en el sacramento de la Reconciliación o Penitencia.

El poder de perdonar los pecados en nombre de Dios ha sido pasado a la Iglesia. En el sacramento de la Reconciliación, nuestros obispos y sacerdotes actúan en nombre de Dios y la Iglesia para perdonar nuestros pecados.

Our Catholic Faith

Forgiveness

All of us need to forgive and be forgiven. There are many times when we need to be reconciled, or united again, with people who hurt us. We need to forgive them. Jesus wants us to forgive others.

Jesus died to save us from our sins and to reconcile us with God and one another. Jesus wants us never to be separated from God by serious sin.

One time Peter asked, "Lord, if my brother sins against me, how often must I forgive him? As many as seven times?"

"Not seven times," answered Jesus, "but seventy-seven times" (Matthew 18:21–22). That was Jesus' way of saying that we must *always* forgive others.

God will help us to overcome sin in our world. By the sacrament of Baptism, we are set free from original sin. We share in God's own life, but we still need God's help to overcome our own sins and sin in the world. But Jesus knew that sometimes we would sin. We would need God's forgiveness for the sins committed after Baptism.

Some sins are so serious that they separate us from God and from the Church. These are mortal sins. Reconciliation restores us to God's grace and reconciles us with the Church. While it is not absolutely necessary to confess venial sins, it is the good thing to do. It strengthens us and helps us to live closer to God.

Jesus gave his disciples the power to forgive sins in God's name. Jesus said to them, "Whose sins you forgive are forgiven them, and whose sins you retain are retained."
John 20:23

When we have sinned, God is always ready to forgive us. When we are sorry, we celebrate God's forgiveness in the sacrament of Reconciliation, or Penance.

The power to forgive sins in God's name has been passed on in our Church. In the sacrament of Reconciliation, our bishops and priests act in the name of God and of the Church to forgive our sins.

VOCABULARIO

Absolución es la oración que el sacerdote dice para pedir el perdón de nuestros pecados.

Rito individual

- Se hace la señal de la cruz con el sacerdote. Puedes arrodillarte detrás de la rejilla en el confesionario o puedes hablar cara a cara con el sacerdote.

- El sacerdote puede leer una historia de la Biblia acerca del amor y el perdón de Dios.

- Confiesas tus pecados a Dios al decirlos al sacerdote. El sacerdote te habla para ayudarte a ver cómo puedes evitar pecar en el futuro.

- El sacerdote te da una penitencia. Puede ser hacer una oración o una buena obra. Nuestra penitencia nos ayuda a no pecar de nuevo.

- El sacerdote te pide rezar un acto de contrición para decir a Dios que estás arrepentido y que tratarás de no pecar nuevamente.

- En nombre de Dios y de toda la comunidad cristiana, el sacerdote te absuelve de tus pecados. El extiende su mano sobre tu cabeza y reza las palabras de la absolución.

- Junto con el sacerdote, das gracias a Dios por su misericordia y perdón.

Hay dos formas en que podemos participar de la celebración del sacramento de la Reconciliación: solos con el sacerdote (rito individual) y con otros y el sacerdote (rito comunitario).

Durante la celebración de la Reconciliación decimos al sacerdote nuestras preocupaciones y nuestros pecados. El sacerdote nos dará un buen consejo y tratará de ayudarnos. El sacerdote no dice a nadie lo que le decimos en confesión, así que no debemos temer hablar con él acerca de cualquier cosa.

Después de celebrar este sacramento, prometemos a Dios que trataremos de no volver a pecar. Debemos tratar de ser reconciliadores y trabajar por la paz todos los días tratando de hacer la voluntad de Dios y llevando su paz a otros. Podemos ayudar a otros que están peleándose, que están tristes o que han sido ofendidos. Podemos ser reconciliadores en nuestros hogares, en nuestras escuelas y nuestros vecindarios. Podemos rezar por la justicia y la paz en nuestro mundo.

FAITH WORD

Absolution is the prayer the priest says asking forgiveness of our sins.

The Individual Rite

- You make the sign of the cross with the priest. You may kneel behind a screen or sit and talk face-to-face with the priest.

- The priest or you may read a story from the Bible about God's love and forgiveness.

- You confess your sins to God by telling them to the priest. The priest talks to you to help you see how you can avoid sinning in the future.

- The priest gives you a penance. It may be a prayer to say or a good work to do for someone. Our penance helps us not to sin again.

- The priest asks you to pray an act of contrition to tell God that you are sorry and will try to sin no more.

- In the name of God and the whole Christian community, the priest absolves you from your sins. He extends his hand over your head as he prays the words of absolution.

- With the priest, you thank God for God's mercy and forgiveness.

These are two ways we can take part in the celebration of the sacrament of Reconciliation: by ourselves with the priest (Individual Rite), or with others and the priest (Communal Rite).

During the celebration of Reconciliation, we may tell the priest our hurts and worries. The priest will give us good advice and will try to help us. He will not tell anyone what we say, so we should not be afraid to talk to him about anything.

After celebrating this sacrament, we should promise God that we will try to avoid sin in the future. We should try also to be reconcilers and peacemakers in our daily lives by doing God's will and bringing God's peace to others. We can help others who may be fighting, hurt, or angry. We can be reconcilers in our home, in our school, and in our neighborhood. We can pray and work for justice and peace in our world.

Acercándote a la Fe

¿Cuándo la gente celebra el sacramento de la Reconciliación? ¿Por qué?

Para celebrar el sacramento de la Reconciliación debes:

1. Examinar tu _____.

2. Decir tus _____ a Dios por medio del sacerdote.

3. Aceptar los _____ del sacerdote.

4. Arrepentirte y rezar un acto de _____.

5. Recibir _____ del sacerdote.

6. Recordar hacer tu _____ y no volver a pecar.

¿Has sido perdonado?

¿Has perdonado?

Viviendo la Fe

Prepara con tu grupo un aviso para distribuir, o una bandera para ser exhibida en tu iglesia. Discutan el diseño y el mensaje que van a decir para recordar a todos la Reconciliación.

COMING TO FAITH

When should people take part in the sacrament of Reconciliation? Why?

To take part in the sacrament of Reconciliation you should:

1. Examine your _____.

2. Tell your _____ to God through the priest.

3. Accept the _____ the priest gives you.

4. Be sorry and say an Act of _____.

5. Receive _____ from the priest.

6. Remember to do your _____ and not to sin again.

PRACTICING FAITH

Plan with your group a parish flyer to be given out or a banner to be displayed in your church. Discuss the design and what the message will say to remind everyone of Reconciliation.

251

REPASO

Lee la lista de acciones y tacha las que no formen parte del rito individual de Reconciliación. Luego pon las acciones en el orden correcto numerándolas del 1 al 5.

_____ El sacerdote nos absuelve.

_____ El sacerdote nos da una penitencia.

_____ Confesamos nuestros pecados.

_____ Somos bendecidos con agua bendita.

_____ El sacerdote nos da la bienvenida y hacemos la señal de la cruz.

_____ Rezamos un acto de contrición.

¿Cuándo celebrarás el sacramento de la Reconciliación?

_____

_____

FE VIVA

EN EL HOGAR Y EN LA PARROQUIA

Los niños revisaron los ritos individual y comunitario del sacramento de la Reconciliación. Hable con el niño de lo que pasa en la celebración de este sacramento. Comparta su propio aprecio por él y lo que significa para usted experimentar la misericordia y amor de Dios en este maravilloso sacramento. Asegúrese de que el niño puede rezar el Acto de Contrición.

Acto de Contrición

Dios mío,
Con todo mi corazón me arrepiento de todo el mal que he hecho y de todo lo bueno que he dejado de hacer.
Al pecar, te he ofendido a ti, que eres el supremo bien y digno de ser amado sobre todas las cosas. Propongo firmemente, con la ayuda de tu gracia, hacer penitencia, no volver a pecar y huir de las ocasiones de pecado. Señor, por las méritos de la pasión de nuestro Salvador Jesucristo, apiádate de mí. Amén.

Resumen de la fe

- Celebramos la misericordia y el perdón de Dios en el sacramento de la Reconciliación.

- Podemos celebrar el sacramento de la Reconciliación solos con el sacerdote o con la comunidad y el sacerdote.

- Jesús nos pidió que fuéramos reconciliadores en nuestra familia, nuestro vecindario, nuestra escuela y el mundo.

REVIEW · TEST

Read through the list of actions and cross out any that are not part of the Individual Rite of Reconciliation. Then put the actions in the correct order by numbering them 1 to 5.

- **5** — The priest absolves us.
- **3** — The priest gives us a penance.
- **2** — We confess our sins.
- ___ — We are blessed with holy water.
- **1** — The priest welcomes us, and we make the sign of the cross.
- **4** — We pray an act of contrition.

When will you celebrate the sacrament of Reconciliation?

_____

_____

FAITH ALIVE AT HOME AND IN THE PARISH

Your fourth grader has reviewed the Individual Rite and the Communal Rite of the sacrament of Reconciliation. Talk to your child about what happens in the celebration of this sacrament. Share your own appreciation for it and what it means for you to experience the mercy and love of God in this wonderful sacrament. Make sure he or she can pray an Act of Contrition from memory.

Act of Contrition
My God,
I am sorry for my sins with all my heart.
In choosing to do wrong
and failing to do good,
I have sinned against you
whom I should love above all things.
I firmly intend, with your help,
to do penance,
to sin no more,
and to avoid whatever leads me to sin.
Our Savior Jesus Christ
suffered and died for us.
In his name, my God, have mercy.

Faith Summary
- We celebrate God's mercy and forgiveness in the sacrament of Reconciliation.
- We can take part in the sacrament of Reconciliation alone with the priest or with the community and the priest.
- Jesus asks us to be reconcilers in our family, neighborhood, school, and world.

26 Celebramos la Eucaristía

Jesús, ayúdanos a reconocerte en todas las formas en que te presentas en nuestras vidas.

Nuestra Vida

El primer Domingo de Resurrección, cuando Jesús resucitó de la muerte, dos de sus discípulos caminaban de Jerusalén al pueblecito de Emaús. En el camino encontraron a un hombre que empezó a caminar con ellos. Era Jesús, pero ellos no le reconocieron.

El extraño empezó a explicarles la Escritura. El les mostró como todo lo que le había pasado a Jesús estaba escrito en el Antiguo Testamento. Cuando llegaron a Emaús, le pidieron a Jesús que se quedara con ellos.

Cuando se sentaron a comer, Jesús partió el pan y se lo dio. Inmediatamente ellos lo reconocieron al partir el pan. Jesús desapareció.

Los dos discípulos corrieron a Jerusalén a decir a los otros que Jesús había resucitado. Ellos conocieron a Jesús al partir el pan.
Basado en Lucas 24:13-35

¿Cuándo reconocieron los dos discípulos a Jesús?

¿Te sientes cerca de Jesús cuando recibes la sagrada comunión?

¿Qué le dices?

Compartiendo la Vida

¿Por qué crees que, al principio, los dos discípulos no reconocieron a Jesús?

Junto con tu grupo hagan una lista de las veces en que puede que no hayan reconocido a Jesús entre nosotros.

Discutan por qué no lo han reconocido.

26 We Celebrate the Eucharist

Jesus, help us to recognize you in all the many ways you are present in our lives.

Our Life

On the first Easter Sunday after Jesus had risen from the dead, two of his disciples were walking from Jerusalem to the village of Emmaus. On the way they met a man who began to walk with them. It was Jesus, but they did not recognize him.

The stranger began to explain the Scriptures to the two disciples. He showed how everything that had happened to him had been spoken of in the Old Testament. When they got close to Emmaus, the men begged Jesus to stay and eat with them.

When they sat down to eat, Jesus broke the bread and gave it to them. Immediately they recognized him in the breaking of the bread. Then Jesus disappeared from their sight.

The two disciples hurried back to Jerusalem to tell the others that Jesus had risen. They had come to know Jesus in the breaking of the bread.
Based on Luke 24:13–35

How did the two disciples of Jesus recognize him?

Do you feel close to Jesus when you receive him in Holy Communion?

What do you usually say to him?

Sharing Life

Why do you think the two disciples did not recognize Jesus at first?

Together with your group make a list of times when we might not recognize Jesus among us.

Discuss why we might miss him.

Nuestra Fe Católica

Ritos iniciales
Como asamblea que adora, también reconocemos al Cristo resucitado en la fracción del pan. Esta es la misa y empezamos la misa con la señal de la cruz. Nuestro sacerdote celebrante nos da la bienvenida y nos recuerda que el Espíritu Santo está con nosotros.

El sacerdote nos dirige para pedir la misericordia y el perdón de Dios. Alabamos a Dios proclamando: "Gloria a Dios en el cielo".

Liturgia de la Palabra
Aquí escuchamos con atención cómo Dios nos habla por medio de las diferentes lecturas de la Biblia.

La primera lectura es usualmente del Antiguo Testamento. Después cantamos o rezamos un salmo. Los salmos son cantos de alabanza, acción de gracias, arrepentimiento y petición a Dios. Luego escuchamos una de las cartas, o epístolas, escritas por los primeros discípulos de Jesús.

Nos ponemos de pie para el evangelio. La palabra *evangelio* significa "buena nueva". En el evangelio, Jesús nos habla hoy como lo hizo hace muchos años a sus amigos.

Después de la lectura del evangelio, el sacerdote o el diácono explica el significado de la Escritura en una homilía. Luego nos podemos de pie y rezamos el Credo, un resumen de nuestras creencias.

Luego decimos la oración de los fieles. Rezamos por nuestra Iglesia y sus funcionarios, nuestras necesidades y las necesidades de los demás.

Liturgia de la Eucaristía
Eucaristía significa "Acción de gracias". Empezamos la Liturgia de la Eucaristía llevando los regalos de pan y vino al altar. Estos regalos nos representan y representan todo lo que tenemos.

El sacerdote dirige la asamblea en la oración eucarística pidiendo al Espíritu Santo venir sobre nuestros regalos para santificarlos. El sacerdote dice y hace lo que Jesús hizo y dijo en la última Cena. El sacerdote dice sobre el pan: "Esto es mi cuerpo". Sobre la copa de vino dice: "Este es el cáliz de mi sangre".

Our Catholic Faith

The Introductory Rites

As a worshiping assembly, we also recognize the risen Christ in the breaking of the bread. This is the Mass, and we begin the Mass with the sign of the cross. Our priest celebrant welcomes us and reminds us that the Holy Spirit is with us.

The priest then leads us in asking for God's mercy and forgiveness. We praise God by praying "Glory to God in the highest."

Liturgy of the Word

Now we listen carefully as God speaks to us through the different readings from the Bible.

The first reading is usually from the Old Testament. Then we sing or say a psalm. The psalms are songs of praise, thanksgiving, sorrow, and petition to God. Next we listen to letters, or epistles, written by Jesus' first disciples.

We stand to hear the gospel. The word *gospel* means "good news." In the gospel, Jesus speaks to us today, as he did to his friends long ago.

After reading the gospel, the priest or deacon explains the meaning of the Scriptures to us in a homily. Then we stand and pray the creed, a summary of our beliefs.

Next we say the prayer of the faithful. We pray for our Church and its leaders, for our needs and the needs of others.

The Liturgy of the Eucharist

Eucharist means "thanksgiving." We begin the Liturgy of the Eucharist by bringing gifts of bread and wine to the altar. These gifts stand for us and all we have.

The priest leads the entire assembly in the eucharistic prayer by asking the Holy Spirit to come upon our gifts to make them holy. The priest says and does what Jesus said and did at the Last Supper. The priest says over the bread, "This is my body." He says over the cup of wine, "This is the cup of my blood."

Por medio del poder del Espíritu Santo y las palabras y acciones del sacerdote, el pan y el vino se convierten en el Cuerpo y la Sangre de Cristo. Esta parte de la misa es llamada consagración. Después de esto proclamamos el misterio de nuestra fe.

Al final de la oración eucarística, el sacerdote reza:
"Por Cristo, con él y en él
a ti, Dios Padre omnipotente,
en la unidad del Espíritu Santo,
todo honor y toda gloria
por los siglos de los siglos. "Amén".

Luego viene la comunión de la misa. Juntos rezamos el Padre Nuestro como nos enseñó Jesús. Compartimos el saludo de la paz con los demás para mostrar que tratamos de llevar la paz del reino de Dios.

Esto es seguido por la fracción del pan, que nos recuerda que todos compartimos el cuerpo de Cristo. Ahora nos acercamos a recibir a Jesucristo, nuestro Pan de Vida, en la sagrada comunión, después de la comunión pensamos en las formas que podemos agradecer a Jesús por el regalo de sí mismo. Le pedimos nos ayude a vivir como sus discípulos.

VOCABULARIO

Liturgia es el culto oficial y público de la Iglesia.

Rito de Conclusión

Al terminar la misa, el sacerdote nos bendice en nombre de Dios. Hacemos la señal de la cruz y contestamos: "Amén".

El sacerdote nos recuerda vivir por el reino de justicia y paz de Dios. Escuchamos al sacerdote o al diácono decir: "Podéis ir en paz".

Contestamos: "Demos gracias a Dios". Salimos de la misa preparados para continuar viviendo por el reino de Dios.

PODEIS IR EN PAZ

Through the power of the Holy Spirit and the words and actions of the priest, the bread and wine become the Body and Blood of Christ. This part of the Mass is called the consecration. After this, we proclaim the mystery of faith.

At the end of the eucharistic prayer, the priest prays,
"Through him,
with him,
in him,
in the unity of the Holy Spirit,
all glory and honor is yours,
almighty Father,
for ever and ever."
We answer, "Amen."

Next comes the Communion of the Mass. We pray together the Our Father as Jesus taught us. We share a sign of peace with one another to show we are trying to bring about the peace of God's kingdom.

This is followed by the breaking of the Bread, reminding us that we all share in the one Body of Christ. Now we can receive Jesus Christ, our Bread of Life, in Holy Communion. After Holy Communion, we think about the ways we can thank Jesus for giving us the gift of himself. We ask him to help us live as his disciples.

FAITH WORD

Liturgy means the official public worship of the Church.

Concluding Rite

As the Mass ends, the priest blesses us all in God's name. We make the sign of the cross and answer, "Amen."

The priest reminds us to live for God's kingdom of justice and peace. We hear him or the deacon say, "Go in peace to love and serve the Lord."

We answer, "Thanks be to God." We leave Mass prepared to continue living for the kingdom, or reign, of God.

Mass in a prison chapel

GO IN PEACE

Acercándote a la Fe

¿Qué has aprendido que te puede ayudar a participar más de lleno en la misa?

Completa esta oración para decirla después de la comunión.

† Jesús, creo que estás conmigo. Gracias por amarme tanto. Ayúdame a vivir cada día como tu amigo. . . .

Viviendo la Fe

Escribe una nota a Jesús diciéndole como tratarás de ser su fiel discípulo durante las vacaciones. Sella la nota y sostenla mientras te unes a tu grupo en oración.

Guía: Nuestro curso ha terminado. Demos gracias a Jesús por todos los dones y gracias que nos ha dado en este año.

Persona 1: Jesús, te traemos una flor como señal de nuestro crecimiento junto a ti.

Persona 2: Jesús traemos nuestro libro *Acercándote al amor de Dios* como señal de que hemos crecido como tus discípulos.

Persona 3: Jesús, traemos nuestras notas como señal de nuestro amor y nuestro deseo de estar siempre cerca de ti.

Cada uno exprese su agradecimiento a Jesús por su catequista, sus amigos, padres, parroquia, etc. Empiecen diciendo: "Te damos gracias por. . . ." Luego canten juntos una canción.

Coming to Faith

What have you learned that will help you to take part in the Mass more fully?

Complete this prayer to be said after Holy Communion.

† Jesus, I believe you are with me. Thank you for loving me so much. Please help me live each day as your friend by. . . .

Practicing Faith

Write a note to Jesus telling him how you will try to be his faithful disciple during vacation. Seal your note and hold it in your hand as you join your friends in a prayer circle.

Leader: Our time together is coming to an end. Let us give thanks to Jesus for all the gifts and graces we have been given this past year.

Person 1: Jesus, we bring a flower as a sign of our growing together with you.

Person 2: Jesus, we bring our *Coming to God's Love* book as a sign that we have grown as your disciples.

Person 3: Jesus, we bring you our notes as a sign of our love and our desire to stay close to you always.

Go around the circle. Each one in turn can express thanks for Jesus, for catechists, friends, parents, parish, and others. Begin by saying, "We thank you for. . . ."

Then sing together:

Now thank we all our God,
With hearts, and hands, and voices,
Who wondrous things has done,
In whom this world rejoices;
Who from our mother's arms
Has blessed us on our way
With countless gifts of love,
And still is ours today.

Conclude by sharing a sign of peace.

REPASO

Llena los espacios en blanco para completar las oraciones.

1. Empezamos la Liturgia de la _____ llevando los regalos de pan y vino al altar.

2. La palabra _____ significa "buena nueva".

3. En la Liturgia de la _____ escuchamos las lecturas de la Biblia.

4. En la _____ recibimos a Jesús mismo.

5. ¿Cómo tratarás de participar más activamente en la misa esta semana?

   _____

   _____

FE VIVA EN EL HOGAR Y EN LA PARROQUIA

Este año los niños de cuarto curso aprendieron a buscar el amor de Dios practicando la Ley del Amor, las Bienaventuranzas, las obras espirituales y corporales de misericordia, los Diez Mandamientos y las leyes de la Iglesia, así como: orando, celebrando los sacramentos y sirviendo a otros. Hemos recorrido todo el horizonte de la vida cristiana, nuestra espiritualidad y moral católica.

¡Qué hermoso don es nuestra fe! Pero este don necesita ser alimentado 365 días del año. Pida a Dios le ayude a ser modelo para su hijo de una vida de fe rica y abierta a crecer todo el tiempo. Siempre confiando en el apoyo y la guía de la comunidad de la Iglesia.

Resumen de la fe

- La misa está compuesta por la Liturgia de la Palabra y la Liturgia de la Eucaristía.
- Escuchamos las lecturas de la Biblia durante la Liturgia de la Palabra.
- Durante la Liturgia de la Eucaristía el pan y el vino se convierten en el Cuerpo y Sangre de Cristo.

REVIEW • TEST

Fill in the blanks to complete the statements.

1. We begin the Liturgy of the _____ by bringing gifts of bread and wine to the altar.

2. The word _____ means "good news."

3. In the Liturgy of the _____ we listen to readings from the Bible.

4. In _____ we receive Jesus himself.

5. How will you try to take a more active part in the Mass this week?

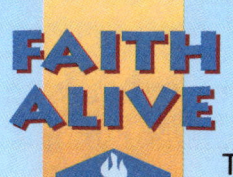

_____

_____

FAITH ALIVE AT HOME AND IN THE PARISH

This year your fourth grader has learned to come to God's love through the practice of the Law of Love, the Beatitudes, the Corporal and Spiritual Works of Mercy, the Ten Commandments, and the Laws of the Church, as well as by prayer, celebration of the sacraments, and service to others. We have surveyed much of the horizon of Christian living in our Catholic morality and spirituality.

What a wonderful gift our faith is! But it is a gift that needs to be nurtured 365 days a year. Ask God to help you model for your child a faith life that is rich and open to growth at all times. Always rely on the community of the Church for guidance and support.

Faith Summary

- The Mass is made up of the Liturgy of the Word and the Liturgy of the Eucharist.
- We listen to readings from the Bible during the Liturgy of the Word.
- During the Liturgy of the Eucharist the bread and wine become the Body and Blood of Christ.

REVISION DE LA PRIMERA UNIDAD

Viviendo para el reino de Dios

Jesús predicó la buena noticia del reino de Dios. La buena noticia es que Dios nos ama y está siempre con nosotros. Jesús nos mostró que vivimos para el reino de Dios cuando hacemos la voluntad de Dios.

Somos responsables de amar y de cuidar de los demás. Tomamos la decisión de vivir una vida de amor, paz y justicia para todos, como Jesús nos enseñó.

Las virtudes de fe, esperanza y caridad

Fe, esperanza y caridad son grandes virtudes cristianas. Una virtud es un hábito de hacer lo que está bien.

Tenemos fe en Dios. Creemos y confiamos en Dios.

También tenemos esperanza en Dios. Sabemos que la voluntad de Dios siempre nos ayuda, no importa lo que pase. Tenemos esperanza porque Dios quiere que gocemos la vida eterna, vida que dura para siempre.

La caridad nos ayuda a amar a Dios, a nosotros mismos y al prójimo como a nosotros mismos.

El practicar estas virtudes de fe, esperanza y caridad nos ayuda a trabajar juntos por el reino de Dios.

La Iglesia es la comunidad de Jesús

Jesús prometio a sus discípulos que les enviaría a un consolador. Después que regresó a su Padre, el Espíritu Santo vino en Pentecostés a los discípulos para ayudarles

El Espíritu Santo nos guía y ayuda a nuestra Iglesia a vivir como Jesús nos enseñó. Nuestra Iglesia predica, sirve, alaba y cuida de todos. Al pertenecer a la Iglesia Católica pertenecemos a la comunidad de Jesús.

Las Bienaventuranzas

Las Bienaventuranzas son formas de vivir dadas por Jesús a nosotros para que seamos felices. El Espíritu Santo nos ayuda a tener el valor de elegir vivir las Bienaventuranzas.

(Revisa el cuadro en la página 40)

Viviendo lo mejor que podemos

Jesús nos dijo que seríamos juzgados por la forma como nos tratemos unos a otros. Las obras corporales y espirituales de misericordia nos guían en como tratar a los demás como Jesús nos enseñó. Ver página 50.

Cuando vivimos las obras espirituales y corporales de misericordia, estamos llevando justicia y misericordia al pueblo. Vivimos lo mejor que podemos. Trabajamos por el reino de Dios.

UNIT 1 ▪ REVIEW

Living for God's Kingdom

Jesus preached the good news of the kingdom of God. The good news is that God loves us and is always with us in our lives. Jesus showed us that we live for God's kingdom when we do his loving will.

We take responsibility for loving and caring for others. We make a decision to live a life of love, peace, and justice for all, as Jesus showed us.

The Virtues of Faith, Hope, and Love

Faith, hope, and love are great Christian virtues. A virtue is a habit of doing good.

We have faith in God. We believe and trust in God.

We have hope in God, too. We know that God will always help us, no matter what happens. We have hope because God wants us to enjoy eternal life, which lasts forever.

Love enables us to love God, ourselves, and our neighbors as ourselves.

Practicing the virtues of faith, hope, and love helps us to work together for God's kingdom.

The Church, Jesus' Community

Jesus promised his disciples that he would send them a Helper. After Jesus returned to his Father, the Holy Spirit came at Pentecost to the disciples as their Helper.

The Holy Spirit guides us and helps our Church to live as Jesus showed us. Our Church preaches, serves, worships, and cares for all people. We belong to Jesus' community by belonging to the Catholic Church.

The Beatitudes

The Beatitudes are ways of living that Jesus gave us to be truly happy. The Holy Spirit helps us to have the courage to choose to live the Beatitudes.

Review the chart on page 41.

Living as Our Best Selves

Jesus told us that we will be judged by the way we treat one another. The Corporal and Spiritual Works of Mercy guide us in treating others as Jesus taught us. See page 51.

When we live the Corporal and Spiritual Works of Mercy, we bring justice and mercy to all people. We live as our best selves. We help to bring about God's kingdom.

PRUEBA PARA LA PRIMERA UNIDAD

Contesta estas preguntas.

5. ¿Qué es el reino de Dios?

_____

_____

Encierra en un círculo la letra al lado de la respuesta correcta.

1. Jesús predicó acerca del
  a. rosario.
  b. los días de precepto.
  c. la buena nueva del reino de Dios.

6. ¿Cómo nos enseñan las obras de misericordia a vivir como Jesús nos enseñó?

_____

_____

2. Fe, esperanza y caridad son
  a. leyes de la Iglesia.
  b. virtudes.
  c. bienaventuranzas.

7. Escribe algunas de las formas en que la Iglesia cuida de su pueblo.

_____

_____

3. El Espíritu Santo
  a. vino el Viernes Santo.
  b. guía y ayuda a la Iglesia.
  c. es la primera Persona de la Santísima Trinidad.

8. ¿Qué son las Bienaventuranzas?

_____

_____

4. Las Bienaventuranzas nos enseñan a
  a. evitar el pecado.
  b. ser verdaderamente felices.
  c. hacer mucho dinero.

9. Nombre una bienaventuranza.

_____

10. ¿Qué significa para ti vivir con esperanza?

_____

Nombre _____

Su hijo ha completado la primera unidad de este curso. Pídale entregar esta página al catequista. Esto permitirá a usted y al catequista ayudar al niño a crecer en la fe.

_____ Mi hijo necesita ayuda en la parte señalada.

_____ Mi hijo entiende como podemos trabajar por el reino de Dios.

_____ Me gustaría hablar con usted. Mi número de teléfono es _____.

(Firma) _____

UNIT 1 ■ TEST

Circle the letter beside the answer.

1. Jesus preached about the
   a. rosary.
   b. holy days of obligation.
   c. good news of God's kingdom.

2. Faith, hope, and love are
   a. laws of the Church.
   b. virtues.
   c. beatitudes.

3. The Holy Spirit
   a. came on Good Friday.
   b. guides and helps the Church.
   c. is the first Person of the Blessed Trinity.

4. The Beatitudes teach us to
   a. avoid sinners.
   b. be truly happy.
   c. make a lot of money.

Answer these questions.

5. What is the kingdom, or reign of God?

6. How do the Works of Mercy help us to live as Jesus taught?

7. Tell some ways that the Church cares for people.

8. What are the Beatitudes?

9. Name one beatitude.

10. What does it mean for you to live with hope?

Child's name _____

Your child has just completed Unit 1. Mark and return the checklist to the catechist. It will help both you and the catechist know how to help your child's growth in faith.

_____ My child needs help with the part of the Review I have underlined.

_____ My child understands how we can build up the kingdom, or reign, of God.

_____ I would like to speak with you. My phone number is _____.

(Signature) _____

REVISION DE LA SEGUNDA UNIDAD

Viviendo como pueblo de Dios

Los Diez Mandamientos son leyes dadas por Dios. Ellos nos ayudan a vivir la Ley del Amor. Los tres primeros mandamientos nos ayudan a amar y a honrar a Dios. Los siete restantes nos ayudan a amar a los demás y a nosotros mismos.

Viviendo como pueblo libre

Dios nos dio libre voluntad. Esto quiere decir que Dios nos dio la libertad de elegir entre lo bueno y lo malo.

Pecar es elegir libremente hacer lo que sabemos es malo. Pecamos cuando desobedecemos la ley de Dios a propósito.

Pecados mortales son pecados serios. Elegimos alejarnos de Dios completamente. Pecados veniales son pecados menos serios. Elegimos no seguir la manera de Dios, pero no nos alejamos completamente de Dios. También podemos pecar por lo que dejamos de hacer o por lo que no hacemos.

Dios es lo primero en nuestras vidas

El primer mandamiento es "Yo soy el Señor tu Dios. No adorarás a otros dioses" (Exodo 20:2).

Vivimos el primer mandamiento cuando ponemos toda nuestra fe en Dios y mantenemos a Dios primero en nuestras vidas.

El Nombre de Dios es santo

El segundo mandamiento es "No usarás el nombre del Señor tu Dios en vano" (Exodo 20:7).

No debemos maldecir. Maldecir es desear mal a alguien. Jurar es tomar a Dios como testigo de que decimos la verdad. Es un pecado serio jurar en nombre de Dios y mentir.

Vivimos el segundo mandamiento cuando respetamos y honramos a Dios y a Jesús en lo que decimos y hacemos.

Alabamos a Dios

El tercer mandamiento es "Recuerda mantener santo el día sabbat" (Exodo 20:8). El pueblo de Israel celebra el sabbat todas las semanas.

El sabbat cristiano es el domingo. Los católicos tienen una seria obligación de asistir a misa todos los domingos o el sábado en la tarde. Los católicos también viven el tercer mandamiento asistiendo a misa durante las fiestas de precepto.

UNIT 2 • REVIEW

Living as God's People

The Ten Commandments are God's laws for us today. They help us live the Law of Love. The first three commandments help us to love and honor God. The last seven help us to love others and ourselves.

Living as Free People

God gave us a free will. This means that he gave us the freedom to choose between right and wrong.

Sin is freely choosing to do what we know is wrong. We sin when we disobey God's law on purpose.

Mortal sins are very serious sins. We choose to turn away from God completely. Venial sins are less serious sins. We choose not to follow God's way but do not turn away from him completely. We can also sin by what we fail to do, or do not do.

God Is First in Our Lives

The first commandment is "I the LORD am your God, who brought you out of . . . that place of slavery. You shall not have other gods besides me" (Exodus 20:2).

We live the first commandment when we put all our faith in God and keep God first in our lives.

God's Name Is Holy

The second commandment is "You shall not take the name of the LORD, your God, in vain" (Exodus 20:7).

We do not curse. Cursing is wishing evil on someone. Swearing is calling on God to be our witness that we are telling the truth. It is a serious sin to swear on God's name and then to lie.

We live the second commandment when we respect and honor God and Jesus in all we say and do.

We Worship God

The third commandment is "Remember to keep holy the sabbath day" (Exodus 20:8). The people of Israel celebrated the Sabbath every week.

The Christian Sabbath is Sunday. Catholics have a serious obligation to attend Mass every Sunday or Saturday evening. Catholics also keep the third commandment by attending Mass on holy days of obligation.

PRUEBA PARA LA SEGUNDA UNIDAD

Completa las siguientes oraciones.

1. "No tomar el santo nombre del Señor tu Dios en vano" es el

   _____ mandamiento.

2. "Santificar las fiestas" es el _____ mandamiento.

3. "Amarás a Dios sobre todas las cosas" es el _____ mandamiento.

4. Un pecado serio que nos aleja de Dios es un pecado _____ .

Aparea.

5. Todos los Santos   _____ 1 de enero

6. Asunción de María   _____ 15 de agosto

7. María, Madre de Dios   _____ 25 de diciembre

8. Inmaculada Concepción   _____ 17 de marzo

9. Navidad   _____ 8 de diciembre

                                 _____ 1 de noviembre

Piensa y contesta.

10. ¿Cómo vas a tratar de poner a Dios primero en tu vida?

_____

Nombre _____

Su hijo ha completado la segunda unidad de este curso. Pídale entregar esta página al catequista. Esto permitirá a usted y al catequista ayudar al niño a crecer en la fe.

_____ Mi hijo necesita ayuda en la parte señalada.

_____ Mi hijo entiende bien los tres primeros mandamientos.

_____ Me gustaría hablar con usted. Mi número de teléfono es _____

(Firma) _____

UNIT 2 ■ TEST

Complete the sentences.

1. "You shall not take the name of the LORD, your God, in vain" is the _____ commandment.

2. "Remember to keep holy the sabbath day" is the _____ commandment.

3. "I the LORD am your God. . . . You shall not have other gods besides me" is the _____ commandment.

4. A very serious sin by which we turn away from God completely is called a _____ sin.

Match.

5. All Saints   _____ January 1

6. Mary, Mother of God   _____ August 15

7. Assumption of Mary   _____ December 25

8. Immaculate Conception   _____ March 17

9. Christmas   _____ December 8

                                   _____ November 1

Think and respond.

10. How will you try to keep God first in your life?

_____

Child's name _____

Your child has just completed Unit 2. Mark and return the checklist to the catechist. It will help both you and the catechist know how to help your child's growth in faith.

_____ My child needs help with the part of the Review I have underlined.

_____ My child understands the first three commandments.

_____ I would like to speak with you. My phone number is _____.

(Signature) _____

REVISION DE LA TERCERA UNIDAD

Amar a nuestros padres

En el cuarto mandamiento Dios nos dice: "Honra a tu padre y a tu madre". El cuarto mandamiento nos enseña honrar y obedecer a todo el que cuida de nosotros y respetar a los mayores. Debemos ser buenos ciudadanos y obedecer las leyes justas de nuestro país.

Viviendo por la vida

Dios quiere que respetemos a todas las cosas vivientes. El quinto mandamiento es: "No matarás". Este mandamiento nos enseña que la vida humana es sagrada. El ser humano está hecho a imagen y semejanza de Dios. Respetamos y cuidamos de nuestros cuerpos.

Vivimos el quinto mandamiento cuando nos preocupamos de la vida en todo el mundo.

Ser fiel en el amor

El sexto y el noveno mandamiento ayudan a las parejas casadas a ser fieles. El sexto mandamiento es: "No cometerás adulterio". *Adulterio* significa ser infiel al esposo o a la esposa. El noveno mandamiento es: "No desearás la mujer o el esposo de tu prójimo".

El sexto y el noveno mandamiento nos enseñan a respetar nuestros cuerpos y el cuerpo de los demás. Amar fielmente ahora nos prepara para amar por siempre a la persona con quien nos casemos.

Compartiendo nuestras cosas

Dios quiere que compartamos nuestras cosas con los demás. La gente puede ser egoísta y avara, por eso Dios nos dio el séptimo mandamiento: "No robarás". Es malo tomar las cosas que no nos pertenecen. Debemos respetar y cuidar de las cosas que pertenecen a otros.

El décimo mandamiento es: "No desearás las pertenencias de tu prójimo". No debemos envidiar las cosas de los demás a tal punto que querramos robarlas o dañarlas. Si queremos seguir a Jesús, debemos trabajar para que todo el mundo tenga todo lo que necesita para vivir.

Viviendo para decir la verdad

Dios quiere que digamos la verdad. El octavo mandamiento es: "No mentirás". Este mandamiento nos enseña que es malo mentir, decir secretos ajenos y murmurar o chismear.

UNIT 3 ■ REVIEW

Loving Our Parents

In the fourth commandment God tells us, "Honor your father and your mother." The fourth commandment teaches us to honor and obey all those who care for us and to respect older people. We are to be good citizens and obey the just laws of our country.

Living for Life

God wants us to respect all living things. The fifth commandment is "You shall not kill." This commandment teaches us that human life is sacred. Human beings are made in the image and likeness of God. We respect and care for our bodies.

We live the fifth commandment when we care about life all over the world.

Faithful in Love

The sixth and ninth commandments help married couples to be faithful to each other. The sixth commandment is "You shall not commit adultery." *Adultery* means being unfaithful to one's wife or husband. The ninth commandment is "You shall not covet your neighbor's wife."

The sixth and ninth commandments teach us to respect our bodies and the bodies of other people. Loving others faithfully now prepares us to love someone forever in marriage.

Sharing Our Things

God wants us to share our good things with others. Because people can be selfish and greedy, God gives us the seventh commandment, "You shall not steal." It is wrong to take what does not belong to us. We must respect and treat with care things that belong to others.

The tenth commandment is "You shall not covet your neighbor's house . . . nor anything else that belongs to him." We must not be so jealous of another's things that we would steal or damage them if we could. If we want to follow Jesus, we work to see that all people have their fair share of what they need to live.

Living and Telling the Truth

God wants us to be truthful. The eighth commandment is "You shall not bear false witness against your neighbor." This commandment teaches us that it is wrong to lie, to tell someone's secrets, and to gossip.

PRUEBA PARA LA TERCERA UNIDAD

Encierra en un círculo la letra al lado de la respuesta correcta.

1. El cuarto mandamiento nos enseña a
   a. trabajar por la justicia.
   b. respetar la vida.
   c. obedecer a nuestros padres.
   d. ser justos.

2. Cuando amamos a otro con fidelidad somos
   a. leales y fieles.
   b. obedientes del séptimo mandamiento.
   c. obedientes del cuarto mandamiento.
   d. obedientes de las Bienaventuranzas.

3. Cuando robamos hacemos algo que es
   a. malo sólo si nos ven.
   b. contrario al séptimo mandamiento.
   c. contrario al cuarto mandamiento.
   d. bueno.

4. El octavo mandamiento nos enseña
   a. honrar a nuestros padres.
   b. a elegir la vida.
   c. a decir la verdad.
   d. a ser fieles.

Contesta las siguientes preguntas.

5. ¿Cuál es el quinto mandamiento?
   _____

6. ¿Cómo puedes mostrar respeto por la vida?
   _____
   _____

7. ¿Cómo vas a ser un buen amigo?
   _____
   _____

8. ¿Por qué es importante decir la verdad?
   _____
   _____

9. ¿Cómo puedes mostrar respeto por las cosas ajenas?
   _____
   _____

10. ¿Cómo puedes honrar a los que te cuidan?
    _____
    _____

Nombre _____

Su hijo ha completado la tercera unidad de este curso. Pídale entregar esta página al catequista. Esto permitirá a usted y al catequista ayudar al niño a crecer en la fe.

____ Mi hijo necesita ayuda en la parte señalada

____ Mi hijo entiende como los mandamientos nos ayudan a vivir como pueblo de Dios.

____ Me gustaría hablar con usted. Mi número de teléfono es _____.

(Firma) _____

UNIT 3 • TEST

Circle the letter beside the answer.

1. The fourth commandment teaches us
   a. to work for justice.
   b. to respect life.
   c. to obey our parents.
   d. to be fair.

2. When we love another faithfully, we
   a. are loyal and true.
   b. obey the seventh commandment.
   c. obey the fourth commandment.
   d. live the Beatitudes.

3. When we steal we do something that is
   a. wrong only if we get caught.
   b. against the seventh commandment.
   c. against the fourth commandment.
   d. not wrong.

4. The eighth commandment teaches us
   a. to honor our parents.
   b. to choose life.
   c. to be truthful.
   d. to be faithful in love.

Answer these questions.

5. What is the fifth commandment?
   _____

6. How can you show respect for life?
   _____
   _____

7. How will you be a faithful friend?
   _____
   _____

8. Why is telling the truth important?
   _____
   _____

9. How can you show you have respect for the possessions of others?
   _____
   _____

10. How should we honor those who care for us?
    _____
    _____

Child's name _____

Your child has just completed Unit 3. Mark and return the checklist to the catechist. It will help both you and the catechist know how to help your child's growth in faith.

____ My child needs help with the part of the Review I have underlined.

____ My child understands how the commandments help us to live as God's people.

____ I would like to speak with you. My phone number is _____.

(Signature) _____

REVISION DE LA CUARTA UNIDAD

El Espíritu Santo nos da vida

El Espíritu Santo nos ayuda, nos da los dones de sabiduría, inteligencia, consejo, fortaleza, ciencia, piedad y temor de Dios. El Espíritu Santo guía y ayuda a todos en la Iglesia a vivir por el reino de Dios.

La Iglesia nos guía

Jesús llamó a sus discípulos para ser su Iglesia. Todos en la Iglesia deben trabajar por el reino de Dios.

Algunas personas son llamadas para ser cabezas en nuestra Iglesia. El papa, el sucesor de San Pedro, es la cabeza de toda la Iglesia Católica. El obispo es la cabeza de la diócesis. El párroco es el sacerdote que dirige una parroquia.

Muchas otras personas sirven en nuestra Iglesia.

Examinamos nuestra conciencia

Nuestra conciencia es la habilidad de poder decidir lo que es bueno y lo que es malo.

Un examen de conciencia es preguntarnos, con la ayuda del Espíritu Santo, cómo hemos obedecido la ley de Dios y cómo hemos amado y servido a otros.

Celebramos la Reconciliación

Jesús dio a sus discípulos el poder de perdonar los pecados en nombre de Dios. En el sacramento de la Reconciliación, nuestros obispos y sacerdotes actúan en nombre de Dios y la comunidad cristiana para perdonar nuestros pecados.

Hay dos formas en que podemos celebrar el sacramento de la Reconciliación: solos con el sacerdote (rito individual) o con otros y el sacerdote en nuestra parroquia (rito comunitario).

Celebramos la Eucaristía

Nos reunimos y empezamos la misa pidiendo perdón a Dios. En la Liturgia de la Palabra escuchamos cuidadosamente a Dios hablar por medio de las lecturas de la Biblia. Después del Credo, rezamos por toda la Iglesia en la oración de los fieles.

La Liturgia de la Eucaristía es nuestra mayor oración de alabanza y acción de gracias. Por medio del poder del Espíritu Santo y las palabras y acciones del sacerdote, el pan y el vino se convierten en el Cuerpo y la Sangre de Cristo. Recibimos a Jesús en la sagrada comunión.

UNIT 4 • REVIEW

The Spirit Gives Us Life

To help us, the Holy Spirit gives us the gifts of wisdom, understanding, right judgment, courage, knowledge, reverence, and wonder and awe. The Holy Spirit guides and helps everyone in the Church to live for the kingdom, or reign, of God.

The Church Guides Us

Jesus called his disciples to be his Church. Everyone in the Church must work for the kingdom of God.

Some people are called to be leaders in our Church. The pope, the successor of Saint Peter, is the leader of the whole Catholic Church. The bishop is the leader of the diocese. The pastor is the priest who is the leader of a parish.

Many other people also serve as leaders in our Church.

Examining Our Conscience

Our conscience is the ability we have to decide whether something is right or wrong.

An examination of conscience is asking ourselves, with the help of the Holy Spirit, how well we have obeyed God's law and have loved and served others.

We Celebrate Reconciliation

Jesus gave his disciples the power to forgive sins in God's name. In the sacrament of Reconciliation, our bishops and priests act in the name of God and the Christian community to forgive our sins.

These are two ways we can take part in the sacrament of Reconciliation: by ourselves with the priest (Individual Rite) or with others in our parish and the priest (Communal Rite).

We Celebrate the Eucharist

We gather together and begin the Mass by asking God's forgiveness. In the Liturgy of the Word, we listen carefully as God speaks to us through the different readings from the Bible. After the Creed, we pray for the whole Church in the prayer of the faithful.

The Liturgy of the Eucharist is our great prayer of praise and thanks. Through the power of the Holy Spirit and the words and actions of the priest, the bread and wine become the Body and Blood of Christ. We receive Jesus in Holy Communion.

PRUEBA PARA LA CUARTA UNIDAD

Completa las siguientes oraciones.

1. Los siete poderosos signos mediante los cuales Jesús comparte la vida y el amor de Dios con nosotros son llamados _____.

2. El consolador que guía a los cristianos y a toda la Iglesia es el _____.

3. La habilidad de escoger entre lo bueno y lo malo es _____.

4. El perdón que recibimos en la Reconciliación es llamado _____.

5. La cabeza de toda la Iglesia es el _____.

6. Celebramos el perdón y la misericordia de Dios en el sacramento de _____.

7. El obispo es la cabeza de nuestra _____.

Piensa para contestar estas preguntas.

8. ¿Cómo el Espíritu Santo ayuda a los cristianos a vivir como seguidores de Jesús?

_____
_____
_____

9. Escribe lo que pasa en la misa durante la Liturgia de la Palabra.

_____
_____
_____

10. ¿Cómo puedes vivir por el reino de Dios?

_____
_____
_____

UNIT 4 ■ TEST

Complete these sentences.

1. The seven powerful signs through which Jesus shares God's life and love with us are called the _____.

2. The Helper who guides each Christian and the whole Church is the _____.

3. The ability we have to decide whether something is right or wrong is called _____.

4. The pardon we receive in Reconciliation is called _____.

5. The leader of the whole Church is the _____.

6. We celebrate God's forgiveness and mercy in the sacrament of _____.

7. The bishop is the leader of our _____.

Think and respond.

8. How does the Holy Spirit help Christians live as followers of Jesus?

_____
_____
_____

9. Write what happens during the Liturgy of the Word at Mass.

_____
_____
_____

10. How can you live for the kingdom of God?

_____
_____
_____

ORACIONES

Ya debes saber muchas de estas oraciones de memoria.

Padre Nuestro
Padre nuestro, que estás en el cielo,
santificado sea tu Nombre;
venga a nosotros tu reino;
hágase tu voluntad en la tierra como en el cielo.
Danos hoy nuestro pan de cada día;
perdona nuestras ofensas,
como también nosotros perdonamos a los que nos ofenden;
no nos dejes caer en la tentación,
y líbranos del mal.

Ave María
Dios te salve María, llena eres de gracia;
el Señor es contigo;
bendita tú eres entre todas las mujeres,
y bendito es el fruto de tu vientre, Jesús.
Santa María, Madre de Dios,
ruega por nosotros pecadores,
ahora y en la hora de nuestra muerte. Amén.

Oración para la mañana
Oh Jesús, te ofrezco todas mis oraciones, trabajos y sufrimientos de este día por todas las intensiones de tu sagrado corazón. Amén.

Gloria
Gloria al Padre
y al Hijo
y al Espíritu Santo.
Como era en el principio, ahora y siempre,
y por los siglos de los siglos. Amén.

Acto de Contrición
Dios mío,
con todo mi corazón me arrepiento de todo el mal que he hecho y de todo lo bueno que he dejado de hacer.
Al pecar, te he ofendido a ti,
que eres el supremo bien
y digno de ser amado sobre todas las cosas.
Propongo firmemente, con la ayuda de tu gracia, hacer penitencia, no volver a pecar y huir de las ocasiones de pecado.
Señor, por los méritos de la pasión de nuestro Salvador Jesucristo,
apiádate de mí. Amén.

Oración para antes de las comidas
Bendícenos Señor, y a estos dones que vamos a recibir de tu generosidad, por Cristo nuestro Señor. Amén.

El Angelus
El ángel del Señor anunció a María.
Y ella concibió del Espíritu Santo.
Dios te salve . . .

He aquí la sierva del Señor.
Hágase en mí según tu palabra.
Dios te salve . . .

Y el Verso se hizo carne.
Y habitó entre nosotros.
Dios te salve . . .

Ruega por nosotros, santa Madre de Dios.

Para que seamos dignos de alcanzar las promesas de nuestro Señor Jesucristo.

La Salve
Dios te salve, Reina y Madre de misericordia,
vida, dulzura y esperanza nuestra; Dios te salve.
A ti llamamos los desterrados hijos de Eva;
a ti suspiramos, gimiendo y llorando en este valle de lágrimas.
Ea, pues, Señora, abogada nuestra,
vuelve a nosotros esos tus ojos misericordiosos,
y después de este destierro,
muéstranos a Jesús, fruto bendito de tu vientre.
Oh clementísima, oh piadosa, oh dulce Virgen María.

Oración por mi vocación
Dios de Amor:
Tienes un plan lleno de amor para mí y mi mundo. Deseo participar de lleno, con paz y gozo, en ese plan. Ayúdame a entender que es lo que quieres que haga en esta vida.

- ¿Seré llamado a la vida religiosa?
- ¿Seré llamado a la vida matrimonial?
- ¿Seré llamado a la vida de soltero?

Ayúdame a estar atento a las señales que me das para preparar mi futuro y una vez haya escuchado y entendido tu llamada, dame la fuerza y la gracia para seguirte con generosidad y amor. Amén.

Los Diez Mandamientos (Ver página 80)

Las leyes de la Iglesia (Ver página 228)

Las Bienaventuranzas (Ver página 40)

Las obras espirituales y corporales de misericordia (Ver página 50)

Examen de conciencia (Ver página 238)

PRAYERS

By this time, you should know many of these prayers and practices by heart.

Our Father

Our Father, who art in heaven,
hallowed be thy name;
thy kingdom come;
thy will be done on earth
as it is in heaven.
Give us this day our daily bread;
and forgive us our trespasses
as we forgive those
who trespass against us;
and lead us not into temptation,
but deliver us from evil. Amen.

Hail Mary

Hail Mary, full of grace,
the Lord is with you;
blessed are you among women,
and blessed is the fruit
of your womb, Jesus.
Holy Mary, Mother of God,
pray for us sinners now
and at the hour of our death. Amen.

Morning Offering

O Jesus, I offer you all my prayers,
works, and sufferings of this day
for all the intentions of your most
Sacred Heart. Amen.

Glory to the Father

Glory to the Father, and to the Son,
and to the Holy Spirit.
As it was in the beginning,
is now, and will be for ever. Amen.

Act of Contrition

My God,
I am sorry for my sins with all my heart.
In choosing to do wrong
and failing to do good,
I have sinned against you
whom I should love above all things.
I firmly intend, with your help,
to do penance,
to sin no more,
and to avoid whatever leads me to sin.
Our Savior Jesus Christ
suffered and died for us.
In his name, my God, have mercy.

Grace After Meals

We give you thanks, almighty God,
for these benefits and all your gifts
which we have received,
through Christ our Lord. Amen.

The Angelus
The angel of the Lord declared to Mary,
and she conceived by the Holy Spirit.
Hail Mary....

Behold the handmaid of the Lord,
be it done to me according to your
word.
Hail Mary....

And the Word was made Flesh
and dwelled among us.
Hail Mary....

Pray for us, O Holy Mother of God,
that we may be made worthy of
the promises of Christ.

Let us pray:
Pour forth, we beseech you, O Lord,
your grace into our hearts that we to
whom the incarnation of Christ your
Son was made known by the message of
an angel may, by his passion and death,
be brought to the glory of his
resurrection, through Christ our Lord.
Amen.

Hail, Holy Queen
Hail, Holy Queen, Mother of Mercy,
our life, our sweetness and our hope!
To you do we cry, poor banished
children of Eve; to you do we send
up our sighs, mourning and weeping
in this valley of tears. Turn, then,
most gracious advocate, your eyes
of mercy toward us, and after this
our exile, show us the blessed fruit
of your womb, Jesus. O clement,
O loving, O sweet Virgin Mary!

Prayer for Vocations
Dear God,
You have a great and loving plan
for our world and for me.
I wish to share in that plan fully,
faithfully, and joyfully.
Help me to understand what it is
you wish me to do with my life.

- Will I be called to the priesthood or religious life?
- Will I be called to live a married life?
- Will I be called to live the single life?

Help me to be attentive to the signs
that you give me about preparing
for the future.

And once I have heard and understood
your call, give me the strength and the
grace to follow it with generosity and
love. Amen.

The Ten Commandments are found on page 81.

The Laws of the Church are found on page 229

The Beatitudes are found on page 41.

The **Corporal and Spiritual Works of Mercy** are found on page 51.

An **Examination of Conscience** is found on page 239.

Oracion final

Guía: Detengámonos un momento para recordar que estamos en la presencia de Dios.

(Pausar unos minutos para una oración en silencio.)

¡Qué hermoso año hemos tenido! Aprendimos lo que significa ser discípulos de Jesús. También sabemos el reto que es vivir la ley de Dios y los Diez Mandamientos. Antes de terminar nuestro curso, vamos a llevar nuestras necesidades a Jesús. Nuestra respuesta será: *Señor Jesús, envía tu Espíritu sobre nosotros.*

Lector 1: Señor Jesús, nos has dado las formas de ser verdaderamente felices en las Beatitudes. Qué sean siempre parte de nuestras vidas. (Respuesta)

Lector 2: Jesús, nuestro Salvador, ayúdanos a vivir las virtudes de fe, esperanza y caridad todos los días. (Respuesta)

Closing prayer

Leader: Let us pause for a moment and remember that we are in the presence of God.

(Pause for a few moments of silent prayer.)

What a wonderful year this has been! We have learned what it means to live as Jesus' disciples. We also know what a challenge it will be to live God's law in the Ten Commandments for our whole lives. Before we complete our time together, let us make our needs known to Jesus. Our response will be, *Lord Jesus, let Your Spirit be upon us.*

Reader 1: Lord Jesus, You have given us the way to true happiness in the Beatitudes. May they always be a part of our lives. (Response)

Reader 2: Jesus, our Savior, help us to live the virtues of faith, hope, and love each day. (Response)

Compartiendo nuestra fe como catolicos

Dios está cerca de nosotros todo el tiempo y en todo lugar, llamándonos y ayudándonos a acercarnos a la fe. Cuando una persona es bautizada y bienvenida a la comunidad de fe de la Iglesia, todos los miembros de la parroquia presentes se ponen de pie junto a la familia. Escuchamos las palabras: "Esta es nuestra fe. Esta es la fe de la Iglesia. Estamos orgullosos de profesarla, en Jesucristo nuestro Señor". Con gozo contestamos: "Amén"—"Sí creo".

La Iglesia Católica es nuestro hogar en la comunidad cristiana. Estamos orgullosos de ser católicos, vivimos como discípulos de Jesucristo en nuestro mundo. Cada día somos llamados a compartir nuestra fe con todos, ayudando a construir el reino de Dios.

¿Cuál es la fe que queremos vivir y compartir? ¿De dónde viene el don de la fe? ¿Cómo celebramos y cómo adoramos a Dios? ¿Cómo vivimos esa fe? ¿Cómo rezamos a Dios? En estas páginas, encontrarás una guía de la fe especialmente escrita para ti. Puede ayudarte a crecer en tu fe católica y a compartirla con tu familia y amigos.

Al seguir las enseñanzas de la Iglesia y lo que Dios nos ha enseñado por medio de la Biblia, podemos determinar nuestras creencias más importantes en cuatro formas:

QUE CREEMOS — EL CREDO
COMO CELEBRAMOS — LOS SACRAMENTOS
COMO VIVIMOS — MORAL
COMO REZAMOS — ORACION

CREDO

Los catolicos creen...

HAY UN SOLO DIOS EN TRES DIVINAS PERSONAS: Padre, Hijo y Espíritu Santo. Un Dios en tres divinas Personas es llamado la Santísima Trinidad, es la enseñanza central de nuestra religión.

DIOS PADRE es el creador de todas las cosas.

DIOS HIJO se hizo hombre como nosotros. Esto es llamado la encarnación. Nuestro Señor Jesucristo, quien es el Hijo de Dios, nació de la Virgen María y proclamó el reino de Dios. Jesús nos dio el nuevo mandamiento del amor y nos enseñó el camino a las Beatitudes. Creemos que por su sacrificio en la cruz, murió para salvarnos del poder del pecado, original y personal. El fue sepultado y resucitó de la muerte al tercer día. Por medio de su resurrección compartimos la vida divina, que llamamos gracia. Jesucristo, es nuestro Mesías. El subió a los cielos y vendrá de nuevo a juzgar a los vivos y a los muertos.

DIOS ESPIRITU SANTO es la tercera Persona de la Santísima Trinidad, adorada junto al Padre y al Hijo. La acción del Espíritu Santo en nuestras vidas nos ayuda a responder a la llamada de Jesús y a vivir como fieles discípulos.

Creemos que la **IGLESIA ES UNA, SANTA, CATOLICA Y APOSTOLICA** fundada por Jesús en la "piedra", que es Pedro, y los demás apóstoles.

Como católicos, **COMPARTIMOS UNA FE COMUN.** Creemos y respetamos las enseñanzas de la Iglesia: Todo lo contenido en la palabra de Dios, escrita y transmitida a nosotros.

Creemos en la **COMUNION DE LOS SANTOS** y que viviremos para siempre con Dios.

También he aprendido este año lo que significa creer como católico

_____

Los catolicos celebran...

LA IGLESIA, EL CUERPO DE CRISTO, continúa la misión de Jesucristo a través de la historia humana. Por medio de los sacramentos y por el poder del Espíritu Santo, la Iglesia entra en el misterio de la muerte y resurrección del Salvador y la vida de gracia.

LOS SIETE SACRAMENTOS son Bautismo, Confirmación, Eucaristía, Orden Sagrado, Matrimonio, Reconciliación y Unción de los Enfermos. Por medio de los sacramentos, compartimos la gracia de Dios de manera que podamos vivir como discípulos de Jesús.

Al participar en la celebración de los sacramentos, los católicos crecen en santidad y en vivir como discípulos de Jesús. Libres del pecado por el Bautismo y fortalecidos por la Confirmación somos alimentados por Cristo mismo en la Eucaristía. También compartimos en la misericordia y el amor de Dios en el sacramento de la Reconciliación.

LOS CATOLICOS CELEBRAN LA EUCARISTIA EN LA MISA junto con el sacerdote. El sacerdote recibe el sacramento del Orden y actúa en la persona de Cristo, nuestro Sumo Sacerdote. La misa es una comida y un sacrificio. Es una comida porque en la misa, Jesús, el Pan de Vida, se da a sí mismo para ser nuestro alimento. Jesús está realmente presente en la Eucaristía. La misa es también un sacrificio porque celebramos la muerte y resurrección de Jesús y recordamos todo lo que hizo por nosotros para salvarnos del pecado y traernos nueva vida. En este gran sacrificio de alabanza, nos ofrecemos con Jesús a Dios.

LA EUCARISTIA ES EL SACRAMENTO DEL CUERPO Y LA SANGRE DE JESUS. Este es el punto culminante del culto católico. Es un gran privilegio participar todas las semanas en la celebración de la misa con nuestra comunidad parroquial.

También he aprendido en este año lo que significa celebrar como católico

Los catolicos viven...

Moral y

SOMOS CREADOS A IMAGEN Y SEMEJANZA DE DIOS y somos llamados a vivir como discípulos de Jesucristo. Jesús nos dijo: "Amense unos a otros como yo los he amado".

Cuando vivimos de la forma que Jesús nos mostró y seguimos sus enseñanzas, podemos ser verdaderamente felices y vivir verdaderamente libres.

Para ayudarnos a vivir como discípulos de Jesús nos guiamos por la Ley del Amor, las Bienaventuranzas y los Diez Mandamientos. Las obras de misericordia y las leyes de la Iglesia también nos muestran como crecer y vivir como discípulos de Jesús.

Juntos con nuestros hermanos judíos y todos los cristianos en todo el mundo, los católicos tratamos de obedecer y vivir los **DIEZ MANDAMIENTOS.** Estas son las leyes que Dios dio a Moisés para ayudar al pueblo de Dios a mantener su alianza.

El primer mandamiento nos dice que debemos poner a Dios primero en nuestras vidas.

El segundo mandamiento manda a respetar el santo nombre de Dios y el santo nombre de Jesús.

El tercer mandamiento nos manda a santificar las fiestas. Esto recuerda a los católicos nuestra seria obligación de participar en la misa cada semana.

El cuarto mandamiento nos manda a amar y a honrar a nuestros padres, guardianes y todo el que cuide de nosotros.

El quinto mandamiento nos pide respetar toda vida, especialmente la vida humana. Debemos cuidar nuestros cuerpos y tratar a otros con bondad y respeto.

El sexto y el noveno mandamiento nos piden ser fieles. No debemos hacer nada contra nuestro cuerpo o el cuerpo de otro que sea irrespetuoso en pensamiento, palabra y obra.

El séptimo y décimo mandamiento nos mandan a ser justos y a no tomar lo que pertenece a otros. Debemos compartir lo que tenemos con los menos afortunados.

El octavo mandamiento nos dice que debemos ser gente que diga y viva la verdad y no mienta ni murmure.

Como miembros de la Iglesia, el cuerpo de Cristo, debemos guiarnos por las **ENSEÑANZAS DE LA IGLESIA** que nos ayudan a formar nuestra conciencia. Esas enseñanzas nos han llegado desde los tiempos de Jesús y los apóstoles y han sido vividas por el pueblo de Dios a través de la historia. Las compartimos con millones de católicos en todo el mundo.

Por medio de la **ORACION Y LOS SACRAMENTOS**, especialmente la Eucaristía y la Reconciliación, nos fortalecemos para vivir como Jesús quiere que vivamos. En fe, esperanza y caridad, como cristianos católicos somos llamados no sólo para cumplir reglas; sino también somos llamados para vivir de una manera diferente como discípulos de Jesús.

Al vivir como discípulos de Jesús, **SOMOS RETADOS CADA DIA PARA ELEGIR ENTRE EL BIEN Y EL MAL**. Aun cuando somos tentados a tomar malas decisiones, el Espíritu Santo siempre está presente para ayudarnos a tomar la decisión correcta. Igual que Jesús, debemos vivir para el reino de Dios. Hacer todo esto significa que vivimos una vida moral cristiana. Como cristianos siempre somos llamados a seguir las huellas de Jesús.

También aprendí este año lo que significa vivir como católico
_____
_____

Los catolicos rezan...

REZAR ES HABLAR CON DIOS Y ESCUCHARLE. Hacemos oraciones de acción de gracias y arrepentimiento; rezamos para alabar a Dios y pedirle por nuestras necesidades así como por las de los demás.

PODEMOS REZAR EN CUALQUIER LUGAR Y EN CUALQUIER MOMENTO. Podemos rezar usando nuestras propias palabras, palabras de la Biblia, o sólo quedándonos quietos en la presencia de Dios. También podemos rezar cantando, bailando y moviéndonos.

TAMBIEN PODEMOS HACER LAS ORACIONES DE NUESTRA FAMILIA CATOLICA que han sido legadas a nosotros por siglos. Algunas de estas oraciones son el Padre Nuestro, el Ave María, el Gloria al Padre, el Credo de los Apostóles, el Angelus, la Salve, el Acto de Fe, Esperanza y Caridad y el Acto de Contrición. Los católicos también rezan el rosario mientras meditan en eventos de las vidas de Jesús y María.

Como miembros de la comunidad católica, participamos en la mayor oración litúrgica de la Iglesia, **LA MISA.** También rezamos con la Iglesia durante los **TIEMPOS LITURGICOS DEL AÑO ECLESIASTICO**, Adviento, Navidad, Cuaresma, Triduo Pascual y Tiempo Ordinario.

En la oración nos unimos con toda la comunidad de los santos y alabamos y honramos a Dios.

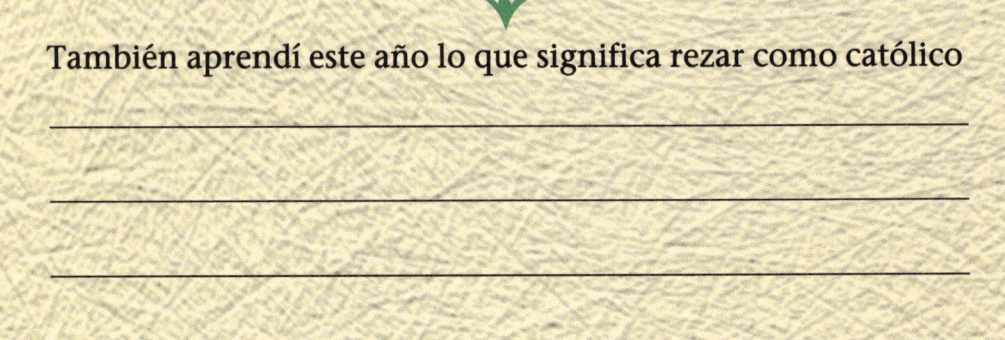

También aprendí este año lo que significa rezar como católico
_____
_____
_____
_____

Sharing our faith as Catholics

God is close to us at all times and in all places, calling us and helping us in coming to faith. When a person is baptized and welcomed into the faith community of the Church, everyone present stands with family and other members of the parish. We hear the words, "This is our faith. This is the faith of the Church. We are proud to profess it, in Christ Jesus our Lord." And we joyfully answer, "Amen"—"Yes, God, I believe."

The Catholic Church is our home in the Christian community. We are proud to be Catholics, living as disciples of Jesus Christ in our world. Each day we are called to share our faith with everyone we meet, helping to build up the kingdom, or reign, of God.

What is the faith we want to live and to share? Where does the gift of faith come from? How do we celebrate it and worship God? How do we live it? How do we pray to God? In these pages, you will find a special faith guide written just for you. It can help you as a fourth grader to grow in your Catholic faith and to share it with your family and with others, too.

Following the Church's teachings and what God has told us in the Bible, we can outline some of our most important beliefs and practices in four ways:

WHAT WE BELIEVE — CREED

HOW WE CELEBRATE — SACRAMENTS

HOW WE LIVE — MORALITY

HOW WE PRAY — PRAYER

CREED

CATHOLICS BELIEVE...

THERE IS ONE GOD IN THREE DIVINE PERSONS: Father, Son, and Holy Spirit. One God in three divine Persons is called the Blessed Trinity; it is the central teaching of the Christian religion.

GOD THE FATHER is the creator of all things.

GOD THE SON took on human flesh and became one of us. This is called the incarnation. Our Lord Jesus Christ, who is the Son of God born of the Virgin Mary, proclaimed the kingdom of God. Jesus gave us the new commandment of love and taught us the way of the Beatitudes. We believe that by His sacrifice on the cross, He died to save us from the power of sin—original sin and our personal sins. He was buried and rose from the dead on the third day. Through His resurrection we share in the divine life, which we call grace. Jesus, the Christ, is our Messiah. He ascended into heaven and will come again to judge the living and the dead.

GOD THE HOLY SPIRIT is the third Person of the Blessed Trinity, adored together with the Father and Son. The action of the Holy Spirit in our lives enables us to respond to the call of Jesus to live as faithful disciples.

We believe in **ONE, HOLY, CATHOLIC, AND APOSTOLIC CHURCH** founded by Jesus on the "rock," which is Peter, and the other apostles.

As Catholics, **WE SHARE A COMMON FAITH.** We believe and respect what the Church teaches: everything that is contained in the word of God, both written and handed down to us.

We believe in the **COMMUNION OF SAINTS** and that we are to live forever with God.

I have also learned this year that to believe as a Catholic means

Catholics Celebrate...

THE CHURCH, THE BODY OF CHRIST, continues the mission of Jesus Christ throughout human history. Through the sacraments and by the power of the Holy Spirit, the Church enters into the mystery of the death and resurrection of the Savior and the life of grace.

THE SEVEN SACRAMENTS are Baptism, Confirmation, Eucharist, Holy Orders, Matrimony, Reconciliation, and Anointing of the Sick. Through the sacraments, we share in God's grace so that we may live as disciples of Jesus.

By participating in the celebration of the sacraments, Catholics grow in holiness and in living as disciples of Jesus. Freed from sin by Baptism and strengthened by Confirmation, we are nourished by Christ himself in the Eucharist. We also share in God's mercy and love in the sacrament of Reconciliation.

CATHOLICS CELEBRATE THE EUCHARIST AT MASS. They do this together with a priest. The priest has received the sacrament of Holy Orders and acts in the person of Christ, our High Priest. The Mass is a meal and a sacrifice. It is a meal because in the Mass Jesus, the Bread of Life, gives us himself to be our food. Jesus is really present in the Eucharist. The Mass is a sacrifice, too, because we celebrate Jesus' death and resurrection and remember all that he did for us to save us from sin and to bring us new life. In this great sacrifice of praise, we offer ourselves with Jesus to God.

THE EUCHARIST IS THE SACRAMENT OF JESUS' BODY AND BLOOD. It is the high point of Catholic worship. It is a great privilege to take part weekly in the celebration of the Mass with our parish community.

I have also learned this year that to celebrate as a Catholic means

_____

_____

SACRAMENTS

MORALITY

Catholics Live...

WE ARE MADE IN THE IMAGE AND LIKENESS OF GOD and are called to live as disciples of Jesus Christ. Jesus said to us, "Love one another as I have loved you."

When we live the way Jesus showed us and follow his teachings, we can be truly happy and live in real freedom.

To help us live as Jesus' disciples, we are guided by the Law of Love, the Beatitudes, and the Ten Commandments. The Works of Mercy and the Laws of the Church also show us how to grow in living as Jesus' disciples.

Together with our Jewish brothers and sisters and all Christians everywhere, Catholics try to obey and live by **THE TEN COMMANDMENTS.** These are the laws God gave to Moses to help God's people keep their covenant with God.

The first commandment tells us to keep God first in our lives.

The second commandment tells us to respect God's holy name and the holy name of Jesus.

The third commandment tells us to keep the Sabbath as a holy day. It reminds Catholics of our serious obligation to take part in Mass each week.

The fourth commandment tells us to love and honor our parents, guardians, and all who lead and care for us.

The fifth commandment tells us to respect all life, especially human life. We are to care for our bodies and treat others with kindness and respect.

The sixth and ninth commandments tell us to be faithful people. We are never to do anything to our bodies or the bodies of others that is disrespectful in thought, word, or action.

The seventh and tenth commandments tell us to be just and not to take what belongs to others. We are to share what we can with those less fortunate.

The eighth commandment tells us that we must be people who tell and live the truth and not lie or gossip.

As members of the Church, the body of Christ, we are guided by the **CHURCH'S TEACHINGS** that help us to form our conscience. These teachings have come down to us from the time of Jesus and the apostles and have been lived by God's people throughout history. We share them with millions of Catholics throughout the world.

Through **PRAYER AND THE SACRAMENTS**, especially Eucharist and Reconciliation, we are strengthened to live as Jesus asked us to live. In faith, hope, and love, we as Catholic Christians are called not just to follow rules. We are called to live a whole new way of life as disciples of Jesus.

In living as Jesus' disciples, **WE ARE CHALLENGED EACH DAY TO CHOOSE BETWEEN RIGHT AND WRONG.** Even when we are tempted to make wrong choices, the Holy Spirit is always present to help us make the right choices. Like Jesus, we are to live for God's kingdom, or reign. Doing all this means that we live a Christian moral life. As Christians we are always called to follow the way of Jesus.

I have also learned this year that to live as a Catholic means

_____

_____

_____

_____

MORALITY

PRAYER

CATHOLICS PRAY...

PRAYER IS TALKING AND LISTENING TO GOD. We pray prayers of thanksgiving and sorrow; we praise God, and we ask God for what we need as well as for the needs of others.

WE CAN PRAY IN MANY WAYS AND AT ANY TIME. We can pray using our own words, words from the Bible, or just by being quiet in God's presence. We can also pray with song or dance or movement.

WE ALSO PRAY THE PRAYERS OF OUR CATHOLIC FAMILY that have come down to us over many centuries. Some of these prayers are the Our Father, the Hail Mary, the Glory to the Father, the Apostles' Creed, the Angelus, the Hail Holy Queen, and Acts of Faith, Hope, Love, and Contrition. Catholics also pray the rosary while meditating on events in the lives of Jesus and Mary.

As members of the Catholic community, we participate in the great liturgical prayer of the Church, **THE MASS.** We also pray with the Church during **THE LITURGICAL SEASONS OF THE CHURCH YEAR**—Advent, Christmas, Lent, the Triduum, Easter, and Ordinary Time.

In prayer, we are joined with the whole communion of saints in praising and honoring God.

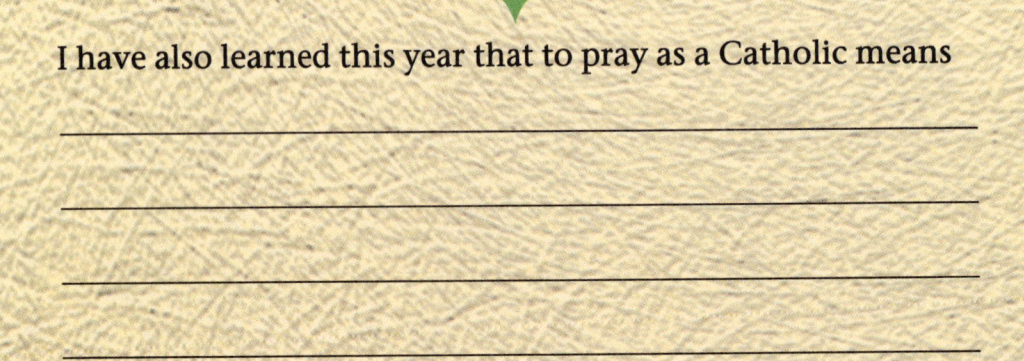

I have also learned this year that to pray as a Catholic means

_____

_____

_____

_____

GLOSARIO

Absolución (página 248)
Absolución es la oración que el sacerdote dice pidiendo el perdón de nuestros pecados.

Alianza (página 100)
En la Biblia, un convenio especial fue hecho entre Dios y el pueblo.

Amor (página 20)
Amor es la virtud que nos capacita para amar a Dios, a nosotros mismos y a nuestro prójimo.

Apóstoles
Los apóstoles fueron doce amigos especiales elegidos por Jesús para dirigir a la primera comunidad cristiana.

Avaricia (página 180)
Avaricia es querer más de lo que se debe tener o desear poseer la buena fortuna de los demás.

Bautismo (página 30)
Bautismo es el sacramento por medio del cual somos librados del poder del pecado, nos hacemos hijos de Dios y somos bienvenidos a la Iglesia, el cuerpo de Cristo.

Bienaventuranzas (página 40)
Las Bienaventuranzas son formas de vivir dadas por Jesús para que podamos ser verdaderamente felices.

Católica (página 30)
La Iglesia da la bienvenida a todo el mundo y tiene un mensaje para todos.

Cielo (página 50)
El cielo es estar con Dios y sus amigos por siempre.

Conciencia (página 236)
Conciencia es la facultad de poder elegir si un pensamiento, una palabra o una acción es mala o buena. Formamos nuestra conciencia de acuerdo a las enseñanzas de la Iglesia.

Confirmación (página 216)
Confirmación es el sacramento por medio del cual el Espíritu Santo viene a nosotros de manera especial para darnos el valor de vivir como discípulos de Jesús.

Consagración (página 256)
La consagración es la parte de la misa en la cual el pan y el vino se convierten en el Cuerpo y la Sangre de Jesús por medio del poder del Espíritu Santo y las palabras y acciones del sacerdote.

Culto (página 30)
Culto es alabar y dar gracias a Dios con palabra, acción y gestos.

Diez Mandamientos (página 78)
Los Diez Mandamientos son leyes dadas por Dios para ayudarnos a vivir como su pueblo. Dios dio los Diez Mandamientos a Moisés en el Monte Sinaí.

Discípulo (página 226)
Un discípulo es alguien que aprende de Jesús y lo sigue.

Dones del Espíritu Santo (página 216)
Los siete dones del Espíritu Santo son: sabiduría, inteligencia, consejo, fortaleza, ciencia, piedad y temor de Dios. Ellos nos ayudan a vivir y ser testigos de nuestra fe católica.

Encarnación (página 286)
La encarnación es el misterio de Dios "hecho hombre", o ser uno como nosotros en Cristo.

Esperanza (página 18)
Esperanza es una virtud que nos ayuda a tener completa confianza en Dios, sin importar lo que pase.

Eucaristía (página 68)
La Eucaristía es el sacramento del Cuerpo y Sangre de Jesús, Jesús está realmente presente en la Eucaristía. Nuestros regalos de pan y vino se convierten en el Cuerpo y Sangre de Cristo en la misa.

Examen de Conciencia (página 238)
Examen de conciencia es preguntarse a sí mismo, con la ayuda del Espíritu Santo, cómo hemos obedecido la ley de Dios y cómo hemos amado y servido a otros.

Fe (página 18)
Fe es la virtud que nos permite creer y confiar en Dios.

Fiel (página 170)
Ser fiel significa ser leal y sincero.

Gracia (página 286)
Gracia es compartir la vida divina y el amor de Dios.

Honrar (página 110)
Honrar significa mostrar respeto y reverencia a otro.

Justicia (página 178)
Justicia significa tratar a todo el mundo justamente.

Ley del Amor (página 20)
Ama al Señor tu Dios con todo tu corazón, con toda tu alma y con toda tus fuerzas. Ama al prójimo como a ti mismo.

Leyes de la Iglesia (página 228)
Las leyes de la Iglesia son reglas con las que la Iglesia nos ayuda a vivir como buenos católicos y discípulos de Jesús.

Libre albedrío (página 88)
Libre albedrío significa que Dios nos da la libertad de elegir entre lo bueno y lo malo.

Liturgia (página 258)
Liturgia es la forma oficial de la Iglesia ofrecer culto.

Liturgia de la Eucaristía (página 256)
La Liturgia de la Eucaristía es una de las principales partes de la misa. Comprende la presentación y la preparación de las ofrendas, la oración eucarística y la sagrada comunión.

Liturgia de la Palabra (página 256)
La Liturgia de la Palabra es una de las dos partes principales de la misa. Comprende las lecturas del Antiguo y el Nuevo Testamento, el salmo responsorial, el evangelio, la homilía, el Credo y la oración de los fieles.

Misa (página 68)
Nuestra celebración de la Eucaristía, comida especial y sacrificio de Jesús.

Obras corporales de misericordia (página 50)
Las obras corporales de misericordia son formas en que nos preocupamos de las necesidades físicas de los demás.

Obras espirituales de misericordia (página 50)
Las obras espirituales de misericordia son formas en que nos preocupamos de las necesidades espirituales de los demás.

Orar (página 290)
Orar es dirigir el corazón y la mente a Dios. En la oración hablamos y escuchamos a Dios.

Papa (página 226)
El papa es el obispo de Roma. El es el sucesor de San Pedro y cabeza de toda la Iglesia Católica.

Pecado (página 90)
Pecado es libremente elegir hacer lo que sabemos es malo. Cuando pecamos desobedecemos la ley de Dios a propósito.

Pecado original (página 246)
Pecado original es el primer pecado cometido por la humanidad. Todo ser humano nace y sufre los efectos de este pecado.

Penitencia (página 248)
El sacerdote nos da una penitencia en el sacramento de la Reconciliación. Nuestra penitencia nos ayuda a satisfacer las ofensas causadas por nuestros pecados y nos ayuda a evitar pecar en el futuro. Nuestra penitencia puede ser una oración o una buena obra.

Reconciliación (página 246)
Reconciliación es el sacramento por medio del cual celebramos el amor y el perdón de Dios de nuestros pecados.

Reino de Dios (página 10)
El reino de Dios es el poder salvador de la vida y el amor de Dios en el mundo.

Respeto (página 110)
Significa mostrar consideración a alguien o algo.

Sabbat (página 120)
Sabbat es una palabra hebrea que significa "descanso". Desde el principio de la Iglesia los cristianos han celebrado su sabbat el domingo.

Sacramento (página 228)
Los sacramentos son poderosos signos por medio de los cuales Jesucristo comparte con nosotros, en la comunidad de la Iglesia, el amor y la vida de Dios.

Sagrado (página 160)
Sagrado significa que pertene a Dios. La vida humana es sagrada porque pertenece a Dios.

Santísimo Sacramento
Otro nombre para la Eucaristía. Jesús está realmente presente en el Santísimo Sacramento.

Tentación (página 88)
Tentación es un fuerte sentimiento de querer hacer algo malo. Las tentaciones no son pecados.

Testigo (página 30)
Un testigo cristiano es aquel que con fe y ejemplo comparte la fe de Jesucristo con otros.

Virtud (página 20)
Virtud es el hábito de hacer lo bueno.

Vocación
Vocación es nuestro llamado a vivir una vida santa y a servir en nuestra Iglesia y en el mundo.

Voluntad de Dios (página 218)
La voluntad de Dios es lo que él quiere para nosotros. La llamamos "amorosa voluntad" de Dios porque Dios siempre quiere lo mejor para nosotros.

Yavé (página 108)
Es el nombre de Dios según fue dado a Moisés. Significa "Yo soy el que soy".

GLOSSARY

Absolution (page 249)
Absolution is the prayer the priest says asking forgiveness of our sins.

Apostles
The apostles were the twelve special helpers chosen by Jesus to lead the first Christian community.

Baptism (page 31)
Baptism is the sacrament by which we are freed from the power of sin, become children of God, and are welcomed into the Church, the body of Christ.

Beatitudes (page 41)
The Beatitudes are ways of living that Jesus gave us so that we can be truly happy.

Blessed Sacrament
Another name for the Eucharist. Jesus is really present in the Blessed Sacrament.

Catholic (page 31)
The Church welcomes all people and has a message for all people.

Confirmation (page 217)
Confirmation is the sacrament in which the Holy Spirit comes to us in a special way to give us courage to live as Jesus' disciples.

Conscience (page 237)
Conscience is the ability we have to decide whether a thought, word, or deed is right or wrong. We form our conscience according to the teachings of the Church.

Consecration (page 257)
The consecration is that part of the Mass in which the bread and wine become Jesus' own Body and Blood through the power of the Holy Spirit and the words and actions of the priest.

Corporal Works of Mercy (page 51)
The Corporal Works of Mercy are ways we care for one another's physical needs.

Covenant (page 101)
In the Bible, a covenant is a special agreement made between God and people.

Disciple (page 227)
A disciple is one who learns from and follows Jesus Christ.

Eucharist (page 69)
The Eucharist is the sacrament of Jesus' Body and Blood. Jesus is really present in the Eucharist. Our gifts of bread and wine become the Body and Blood of Christ at Mass.

Examination of Conscience (page 239)
An examination of conscience is asking ourselves, with the help of the Holy Spirit, how well we have obeyed God's law and have loved and served others.

Faith (page 19)
Faith is a virtue that enables us to believe and trust in God.

Faithful (page 171)
To be faithful means to be loyal and true to someone.

Free will (page 89)
Free will means that God gives us the freedom to choose between right and wrong.

Gifts of the Holy Spirit (page 217)
The seven gifts of the Holy Spirit are wisdom, understanding, right judgment, courage, knowledge, reverence, wonder and awe. They help us to live and witness to our Catholic faith.

God's will (page 219)
God's will is what God wants us to do. We can call it God's "loving will" because God always wants what is best for us.

Grace (page 292)
Grace is a sharing in the divine life, in God's very life and love.

Greed (page 181)
Greed is wanting more than one's fair share or not wishing to share one's good fortune with others.

Heaven (page 51)
Heaven is being with God and the friends of God forever.

Hope (page 19)
Hope is a virtue that enables us to have full confidence in God, no matter what happens.

Incarnation (page 292)
The incarnation is the mystery of God "becoming flesh," or becoming one of us in Jesus Christ.

Justice (page 179)
Justice means treating all people fairly.

Kingdom of God (Reign of God) (page 11)
The kingdom, or reign, of God is the saving power of God's life and love in the world.

Law of Love (page 21)
Love the Lord your God with all your heart, with all your soul, and with all your strength. Love your neighbor as you love yourself.

Laws of the Church (page 229)
The Laws of the Church are rules by which the Church helps us to live as good Catholics and disciples of Jesus.

Liturgy (page 259)
Liturgy is the official public worship of the Church.

Liturgy of the Eucharist (page 257)
The Liturgy of the Eucharist is one of the two major parts of the Mass. It is made up of the Presentation and Preparation of the Gifts, the Eucharistic Prayer, and Holy Communion.

Liturgy of the Word (page 257)
The Liturgy of the Word is one of the two major parts of the Mass. It is made up of readings from the Old and New Testaments, Responsorial Psalm, Gospel, Homily, Creed, and Prayer of the Faithful.

Love (page 21)
Love is the virtue that enables us to love God, ourselves, and our neighbors.

Mass (page 69)
Our celebration of the Eucharist, Jesus' special meal and sacrifice.

Original sin (page 247)
Original sin is the first sin of humankind. Every human being is born with and suffers from the effects of this sin.

Penance (page 249)
We receive a penance from the priest in the sacrament of Reconciliation. Our penance helps to make up for the hurt caused by our sins and helps us to avoid sin in the future. Our penance can be a prayer or good deed.

Pope (page 227)
The pope is the bishop of Rome. He is the successor of Saint Peter and the leader of the whole Catholic Church.

Prayer (page 297)
Prayer is directing one's heart and mind to God. In prayer we talk and listen to God.

Reconciliation (page 247)
Reconciliation is the sacrament in which we celebrate God's love and forgiveness of our sins.

Respect (page 111)
To respect means to show honor to someone or something.

Sabbath (page 121)
The word *Sabbath* comes from a Jewish word that means "rest." From the beginning of the Church, Christians have celebrated their Sabbath on Sunday.

Sacrament (page 229)
The sacraments are powerful signs through which Jesus Christ shares God's life and love with us in the community of the Church.

Sacred (page 161)
Sacred means belonging to God. Human life is sacred because it belongs to God.

Sin (page 91)
Sin is freely choosing to do what we know is wrong. When we sin, we disobey God's law on purpose.

Spiritual Works of Mercy (page 51)
The Spiritual Works of Mercy are ways we care for one another's spiritual needs.

Temptation (page 89)
A temptation is a strong feeling to do or to want something wrong. Temptations are not sins.

Ten Commandments (page 79)
The Ten Commandments are laws given to us by God to help us live as God's people. God gave the Ten Commandments to Moses on Mount Sinai.

Virtue (page 21)
A virtue is the habit of doing good.

Vocation
A vocation is our call to live holy lives of service in our Church and in our world.

Witness (page 31)
A Christian witness is one, who by faith and example, shares faith in Jesus Christ with others.

Worship (page 31)
Worship is praise and thanks to God in word, action, and signs.

Yahweh (page 109)
God's name as it was given to Moses. It means "I am who am."

SACRAMENTO DE RECONCILIACION

Celebrando el sacramento con otros

Cantamos una canción para empezar y el sacerdote nos recibe.
El sacerdote hace una oración para empezar.

Escuchamos una lectura de la Biblia y una homilía.

Examinamos nuestra conciencia.
Hacemos un acto de contrición.

Podemos hacer una oración, cantar una canción o rezar el Padre Nuestro.

Confesamos nuestros pecados al sacerdote. En el nombre de Dios y la comunidad cristiana, el sacerdote nos da una penitencia y la absolución.

Rezamos para concluir nuestra celebración.
El sacerdote nos bendice y nos vamos con la paz y
el gozo de Cristo.

Celebrando el sacramento solo

El sacerdote me saluda.

Hago la señal de la cruz.
El sacerdote me pide confiar en la misericordia de Dios.

El sacerdote o yo podemos leer una historia de la Biblia.

Confieso mis pecados: lo que hice mal y por qué.
El sacerdote me habla sobre cómo amar a Dios y a los demás.
El sacerdote me da una penitencia.

Hago un acto de contrición.
En nombre de Dios y de la Iglesia, el sacerdote me da la absolución. (El puede extender o poner su mano sobre mi cabeza.)
Esto quiere decir que Dios ha perdonado mis pecados.

Juntos, el sacerdote y yo damos gracias a Dios por su perdón.

Sacrament of Reconciliation

Celebrating the Sacrament with Others

We sing an opening hymn and the priest greets us.
The priest prays an opening prayer.

We listen to a reading from the Bible and a homily.

We examine our conscience.
We make an Act of Contrition.

We may say a prayer or sing a song,
and then pray the Our Father.

We confess our sins to the priest. In the name of
God and the Christian community, the priest gives
us a penance and absolution.

We pray as we conclude our celebration.
The priest blesses us, and we go in
the peace and joy of Christ.

Celebrating the Sacrament by Myself

The priest greets me.

I make the sign of the cross.
The priest asks me to trust in God's mercy.

He or I may read a story from the Bible.

I talk with the priest about myself.
I confess my sins: what I did wrong and why.
The priest talks to me about loving God and others.
He gives me a penance.

I make an Act of Contrition.
In the name of God and the Church,
the priest gives me absolution. (He may extend or
place his hands on my head.)
This means that God has forgiven my sins.

Together, the priest and I give thanks for God's forgiveness.